【新版】

リーダーシップから
Leadership to Followership
フォロワーシップへ

カリスマリーダー不要の組織づくりとは

日本ラグビーフットボール協会理事
株式会社チームボックス代表取締役
元早稲田大学ラグビー蹴球部監督・元U20日本代表ヘッドコーチ
中竹竜二

CCCメディアハウス

はじめに

私が「カリスマリーダー不要の組織づくり」を真正面から提案する初めての著書として、『リーダーシップからフォロワーシップへ』を上梓してから9年が経つ。

発行当時の世間からの反応は、決してポジティブなものばかりではなかった。

「リーダーにカリスマ性を求めないなんて、信じられない」
「〝フォロワーシップ〟という言葉はインパクトに欠ける」
「それで本当に部下はついてくるのか」
「本当に組織の成長につながるのか、イメージできない」

戸惑うのも無理はない。

当時の「リーダー」のイメージと言えば、強い牽引力のある言葉で、フォロワーがやるべきことを指示し、目に見える結果を早く出す能力に長けた指導者、というのが主流だった。

堂々とした風格、張りのある声と明確なディレクションといった、分かりやすい〝らしさ〟が求められていた時代。

一方で、そのような〝らしさ〟をまとったカリスマ性のある人物は日本ではなかなか現れにくいため、長らく「リーダー不在」が叫ばれていた。

日本の企業はカリスマ的リーダーシップを発揮できる数少ない人材をこぞって求めて配置し、部下に対して明確な目標をトップダウンで設定し、達成のための方法論まで手取り足取り指導する体制をつくろうとしてきた。

それは非常にうまく機能したはずだ、ごく短期的には。

「半年後までに売り上げ3000万円を達成する」といった短期目標には、トップダウン型のリーダーシップがうまくいく。それで一時的な業績回復を遂げた企業もあっただろう。

しかし、限界はすぐにやってくる。

この方法では、部下が育たないからだ。

トップダウンの命令をただこなすだけの「指示待ち人間」ばかりが増え、リーダーのアイディアが枯渇した途端、組織の成長は停滞する。

「優秀なリーダーを据えているはずなのに、業績が伸びないのはなぜなのか」

多くの経営者たちが壁に突き当たった、というのがこの10年で起きていたことではないだろうか。

私はたまたま自らの実践の中で、リーダーこそ「フォロワーシップ」の意識を持つことが重要であることを知っていた。

つまり、組織を構成する一人ひとりが自ら考え、行動し、成長しながら組織に貢献するための機会を提供し、環境を整える努力をすることだ（詳細は本編に譲るが、まずは「リーダー」「フォロワー」という〝役職〟と、「リーダーシップ」「フォロワーシップ」という〝役割〟を分けて考えることが出発点となる）。

丸の内にある大手シンクタンクに勤めていた2000年代前半から、わたしはこの「フォロワーシップ」の重要性を訴え続けていた。

当時はほとんど見向きもされなかったが、その後、早稲田大学ラグビー蹴球部の監督に就任してからも、監督が前面に出る指導ではなく、選手自らが考えて行動するチームづくりを徹底し、大学選手権連覇を達成した。

この私自身の実践をもとに本書をまとめたのが2009年のことである

かつて求められていたカリスマ的リーダーシップに限界があることを、経営者たちが気づき始めた頃だった。

あれから現在に至るまでの間に、だんだんと「自ら考える部下育成」「自走する組織」といった言葉が世に出回るようになり、「フォロワーシップ」による組織運営を好意的に受け止める流れが加速している。

それにはいくつかの背景があり、一つは、人材育成の科学的研究の進展である。事例研究、およびその体系化によって、従来型の属人的なカリスマ性に依存したリーダーシップが組織を必ずしも成長させないことが分かってきた。

いや、成長させないどころか、部下に上から目標を押しつけるだけのリーダーは、むしろ「ディミニッシャー（消耗させる人）」として否定されるようにまでなってきた。

近年、人材育成の分野では、「あなた方の組織に、ディミニッシャーはいないか？」と警鐘を鳴らすことが珍しくない。つまり、部下自身が目標を決めるチャンスや試行錯誤しながら学ぶチャンスを奪い、振り回して消耗させるだけの人。かつて賞賛されていたはずのカリスマ的リーダーは、それほどネガティブな文脈で語られるようになったのである。

一方で、代わりに歓迎されているリーダー像は「マルチプライアー」、すなわち「増殖させる人」。自分だけが存在感を発揮するのではなく、部下一人ひとりが自ら成長し、活躍の場を広げる手助けをするリーダーシップが、組織の永続的成長に不可欠と考えられるようになったのだ。

「産業をとりまく環境変化」という背景も大きい。

新商品をリリースすると同時にインターネット上で世界中に情報が拡散される時代において、どんなに斬新で革新的なアイディアでも、明日には世界のどこかで真似される。たった一人の発想力で勝てる時代は過ぎ去ったのだ。

そこに集まった全員の知恵を出し合い、共有し、議論して、よりよいアイディアを磨き続ける。そんな組織でなければ生き残れないという危機感を、多くの経営者たちが肌で感じている。

着実な長期的成果・成長を求める組織ほど、フォロワーシップを取り入れようという動きもある。

象徴的なのは、〝世界最高峰の少数精鋭チーム〟であるNASA（アメリカ航空宇宙局）が、宇宙飛行士に求められる重要な資質の一つとしてフォロワーシップを唱え始めたことだ。

ごく狭く、資源が限られたストレス空間の中では、明確な指示を的確なタイミングで発するリーダーシップだけでなく、いかに周囲の様子を注意深く観察し、他人の達成したい目標をすくい上げてサポートできるかというフォロワーシップの資質が欠かせないのだという。

ここにきて、世界のトップクラスの組織がフォロワーシップ型人材育成へとシフトしようとしているという潮目を感じる。

私が長年正しいと信じてきたことを科学的に証明する研究発表を目にしたり、「フォロワーシップについて教えてほしい」という依頼をいただいたりする機会は、この9年で格段に増えた。

自分としては、ただ淡々とやってきたことに、いつの間にか世の中の流れも同調してきたという感覚でしかないのだが、「リーダーにはカリスマ性がなければならない」と思い込み、自信を持てずにいた人たちを少しでも勇気づけられるようならとても嬉しい。

私自身にも変化があった。

尊敬する同窓の先輩である名将・清宮克幸監督の後を引き継ぐ形で監督を引き受けた早稲田大学ラグビー蹴球部では、ありがたいことに２００７年度、２００８年度と2年連続で全国大学選手権を制覇することができた。

２０１０年2月に退任した後は、日本ラグビーフットボール協会の初代コーチングディレクターという役目をいただいた。言うなれば、コーチを育てるコーチになった。

地方を回りながらフォロワーシップの概念を伝え歩く2年間は、私自身にとって大いに刺激と学びを得る日々であった。

２０１２年にU20（20歳以下）の日本代表監督に就任してからも、私なりのフォロワーシップのあり方を磨き続け、２０１５年にはワールドラグビーチャンピオンシップでトップ10入りという結果を残すことができた。

この頃、企業のリーダー育成に特化したプログラムの開発も進め、同年に株式会社チームボックスを設立。「これまでのリーダー育成では限界を感じている」という経営者の悩みに寄り添い、私の経験に基づく中長期プログラムを提供している。

プログラムを実施した企業を追跡調査してみると、「優秀で信頼を集めるリーダーほどフォロワーシップを発揮している」という結果も見えてきた。

私が本書で伝えたいメッセージは大きく二つ。

リーダーシップの形は一つではないこと。

そして、強い組織をつくるリーダーには誰でもなれるということだ。

「あいつはリーダーに向いている、向いていない」という議論は、リーダーシップを一義的にしかとらえていない。

リーダーシップには様々なアプローチがあり、そのアプローチの中でも近年、有効性が評価されてきたのが「フォロワーシップ」の手法である。

「自分はリーダーに向いていないのに、役職を与えられてしまった」と不安に感じている人、あるいは「自分は組織のために頑張っているはずなのに、なぜか結果が出ない」と悩んでいる人にこそ、ぜひ本書を手にとってほしい。

新版として刊行するにあたり、巧みなフォロワーシップによって実績を挙げているコーチの具体的行動を紹介しながら、あらためて「いいリーダーの資質」についてまとめた終章を加えた（第1～7章は旧版をほぼそのまま踏襲している）。

「リーダーらしくないリーダー」と言われ続けてきた私だからこそ伝えられるノウハウを、本書で惜しみなく伝えたい。

目次

第3章 スタイルの確立

第4章 リーダーのためのフォロワーシップ論

第5章 フォロワーシップの実践

フォロワー育成の中竹メソッド ……130

第6章　フォロワーのためのフォロワーシップ論

装丁・本文デザイン　轡田昭彦＋坪井朋子
編集協力　宮本恵理子
校正　円水社

第1章

▼

組織論の見直し

組織論の定義と分類

組織論を研究されている方々には非常に恐縮だが、本書では私の独断で組織論を整理してみたいと思う。

超専門的な話やその筋の権威の証言や歴史などを引用することはなるべく控え、一個人が組織論というものを現場で学ぼうとしたときに、どういう前提でどのような視点で組織論を考えていくかを示唆する。

そもそも、組織論とは何だろう。

普段、当たり前のように使っている言葉や頭の中ではなんとなく分かっている言葉を、あえて言語化して定義づけすることは、ものごとを理解していく上で、非常に重要なことである。

まず、考えなければならないことは、一般的に使われる「〜〜論」。〜〜には、どんな言葉でも当てはまる。簡単にいうと、「〜〜論」とは、

1．～とは何か

2．～はどうあるべきか

を考えることである。

この場合は、組織論だ。よって簡単に定義づけすれば、組織とは何か、組織とはどうあるべきかを考えることである。

では、現在の組織論の主流は一体何だろう。

世の中の主流を直接感じるには書店に足を運ぶのが手っ取り早い。または、インターネットで検索することも一つの手だ。どこの書店にも大体「組織論」のコーナーがある。昔から変わらない三大テーマは

1．マネジメントに関すること

2．ビジネス・経営に関すること

3．リーダーシップに関すること

である。

では、組織とは何だろう。

これも、誰しも普段良く使っている言葉であるが、なかなか定義づけは難しい。複数の辞書から総括すると、次のようになる。

組織とは、意義を持って集まった二人以上の集団、といえる。

要素としては、「意義的」と「二人以上の集団」という部分が重要になる。

まず、意義的とは「ある目的やテーマのための必然性」があること。

漠然として分かりにくい表現であるので、具体的に整理するために、「意義的」とはどういうことかを検証したい。

例えば、あるカフェに偶然集まった人々や同じ車両に乗り合わせた人々を想像してほしい。

それぞれが、個人としてコーヒーを飲みに集まった、または、どこかの駅に向かうために乗り合わせた。

これは意義的とはいえない。ただ、個人の目的やテーマのために、偶然集まった人々であるからだ。よって、このケースは組織とはいえない。

組織の要素である「二人以上の集団」も整理しなければならない。

原則的には、構成条件はないのだが、知恵を備えた人間が行動していくと、ある種、普遍的な構造ができあがる。

人間に限らず、多くの動物もそうであるが、集団の中にパワーバランスが生まれる。

サルの集団にはボスザル、蜂の集団には女王蜂がいるように、人間の集団にも「リーダー」が現れる。当然、リーダーが生まれない組織も稀に存在するし、あえてリーダーを作らない組織を意図的に作り、その効果を実験したプロジェクトも世の中には存在する。

しかし、組織行動が進むにつれて、通常はリーダーとそれ以外の二分化構造が生まれる。その際、目を向けなければならないことは、例えばサル社会でいえばボスザル以外、蜂社会でいえば女王蜂以外のようなリーダー以外の個体数が圧倒的に多いという事実である。

もちろん、組織というものは、リーダーの影響が大きい。だからこそ、先ほど組織論の主流で触れたように、これまでの組織論は「リーダー」に関することに偏ってきていたといえよう。一方で、構成個数で考えると「リーダー以外」の存在は無視できない。

忠実に組織論を解いていくのであれば、「リーダー」のことだけでなく、「リーダー以外＝フォロワー」のことを考える必要があるといえよう。

どうもこれまでは、「リーダー」のことばかりが先行してきたため、多くの問題が発生しているような気がする。「リーダー不在」「リーダー待望」といった風潮を多くのメディアが煽っている。

そろそろ、「リーダーシップ」と「フォロワーシップ」を同レベルで考えなければならない時代がやってきた。「リーダー」と「リーダー以外」を分けて考えると、組織に対してそれぞれの立場で考えなければならないことが二つずつある。簡単に整理すると四つに分類される。

①リーダーが考える自分自身のリーダーシップ
②リーダーが考える自分以外のフォロワーシップ
③フォロワーが考える自分自身のフォロワーシップ
④フォロワーが考えるリーダーがとるべきリーダーシップ

この四つのテーマについては、それぞれ詳しく述べていくが、まず簡単に説明をしておきたい。

①と③はそれぞれの立場で自分自身のことについて、②と④は自分とは違う立場の相手（リーダーであればフォロワー、フォロワーであればリーダー）のことを主眼に置いたテーマである。

リーダーが考える「リーダーシップ」

この分野はいわゆる世間一般で言われるリーダーシップの話である。既にリーダーという立場にある方か、または将来リーダーとなる方、なりたい方を対象としたテーマである。

リーダーが自分自身のリーダーシップのとり方について考えることであり、その人々のリーダーとしてのレベルアップや課題解決の話が中心となる。

リーダー自身が組織の中でどのようにリーダーシップを発揮し、ゴールに導くべきかを考えていく。リーダーを目指す人が最も興味を抱くテーマである。

歴史上の著名なリーダーの生き様を描いた自伝や小説、研究論文などリーダーに関するストーリーなどが当てはまる。

例えば、アメリカ合衆国の歴代大統領の語録、第二次大戦時にイギリス首相だったチャーチルなどの思想・政策、スポーツにおける偉大な指導者の指導方針なども、いわゆる帝王学として、組織論の中でも歴史が深く、メジャーな分野といえよう。詳しくは第2章で述べる。

リーダーが考える「フォロワーシップ」

一方で②は本書で最も重点的に取り扱うテーマである。リーダーが考えるフォロワーのあるべき姿についての話である。若手指導に携わっている方、部下の指導に悩んでいる方の参考になればと思っている。

リーダーがとるべき若手育成ノウハウの蓄積や部下教育のレベルアップというより、若手や部下などのフォロワーの成長を主眼に置いている。

リーダーは往々にして、組織内の部下やメンバーの指導に携わるため、若手育成や指導は、リーダーにとってはごく普通のテーマではあるが、フォロワーシップは単なる「育成論・指導論」と大きく異なる。

極端にいえば、フォロワーシップとは、どうやって目の前の若者を教育すべきかを考えるのではなく、どうやったら彼らは自然と勝手に成長してくれるのかを、突き詰めて考え抜くことである。

要するに、リーダーとしての優れた育成スキルや教育手法を語るものではなく、あくまでも、フォローする側の視点に立ち、フォロワーがどうあるべきかをシンプルに考えるものである。

フォロワーシップの心構えや概念は、詳しくは第4章で取り扱う。リーダーとフォロワーの役割分担やフォロワーシップのための環境整備についても言及する。

具体的なフォロワーシップの実践については第5章で触れるので、テキスト感覚で読んでいただきたい。実際、著者が行っている個人面談の手法やフォロワーシップ実現のためのチームトークの様子を紹介する。

フォロワーが考える「フォロワーシップ」

③はフォロワーが考える自分自身のフォロワーシップということで、現在リーダーという役回りではないが、組織への貢献のために、フォロワーという立場でうまく力を発揮したい方、または自主性や自律性を高めて、個としての力を高めたい方に向けたメッセージである。

実は、フォロワーが、組織においてどのように力を発揮するべきかという観点に立った知見はあまり世の中に蓄積されていない。

一つの理由は、通常はリーダーとフォロワーの間に格付けがあるからだ。簡単に言えば、リーダーはフォロワーより、偉い。いや、偉いというより、上下関係が成り立っているのが普通だ。

全ての組織に当てはまるとはいわないが、リーダーという立場は、全体をリードしていく役割が大きいため、組織の中ではリーダーはフォロワーよりも大切だという論理が当然成り立つ。

また、構成人数から見ても、リーダーの方が希少価値は高い。10人の組織でいえば、リーダーが1名であればフォロワーは9名であり、500人の組織であれば、リーダーが1名であればフォロワーは499名となる。

もちろん、一人ひとりの人権は同格であるのは言わずもがなではあるが、組織内でリーダーとそれ以外に分かれる以上、リーダーであるのは誇らしいことである。

そこで、人間には誰しも向上心という本能があるという前提に立てば、例外はあるにしろ、多くの人はフォロワーより、リーダーを目指すことになるだろう。

そう考えれば、本人たちだけでなく、周りの世の中全体も、リーダーを求めるようになり、リーダーを目指すこと、または実際にリーダーになることが、暗黙のサクセスストーリーとなる。

極端に言えば、優秀なフォロワーを目指すよりも、ただ貪欲にリーダーという立場獲得を目指す人が、日に日に増えていくかもしれない。

そう考えると、フォロワーのためのフォロワーシップ論というのは、世間的にも求められていないという理屈も成り立つ。先ほど、フォロワーのための知見は蓄積されていないと述べたが、理由はそこにある。さらに、資本主義社会の原理でいえば、売れないものは、作らないので、フォロワーシップの書籍やドキュメントが市場に出ないのは、すんなり理解できる。

しかし、唯一、例外の領域がある。それは、宗教の世界である。フォロワーのためのフォロワーシップについて最も詳しく言及し、浸透しているのは神や仏を中心とした宗教の領域であろう。全てとは言わないが、メジャーな宗教では、信者がいわゆるリーダーを目指す仕組みがない。

信者は一信者として、その宗教の教えを一生貫く姿勢をとる。信者が日々査定を受け、企業原理のもとで昇進したり、報酬を受けたりすることはない。勧誘活動をがんばったからといって、明日から突然、教祖になることはない。だから、宗教の世界では、信者は最初からフォロワーはフォロワーのままでいる。そう考えると、フォロワー自身が考えるフォロワーシップの叡智は、メジャー宗教に最もあるのだろう。

第6章では、残念ながら宗教の知見を探ることはしないが、フォロワーが優秀なフォロワーとして徹するための心構えや工夫を一緒に考えてみたいと思う。

フォロワーが考える「リーダーシップ」

④はフォロワーが考えるリーダーシップであり、現在リーダーではないがフォロワーの立場で組織を活性化させたいと思っている方や、残念ながらダメなリーダーについてしま

ったがなんとか組織をうまくマネジメントしなければならない方のためのアドバイスを盛り込んだ。

リーダー不在の業界は、実は、よくあるケースで、ほとんどの人が理想的なリーダーに出会うことは少ない。

しかし、だからといって、ただ愚痴を言っていられる状況ではなく、自らがその上司や上役をコントロールしながら組織を支えていかなければならない方への声援になればと思う。

第2章

リーダーのための
リーダーシップ論

リーダーに求められる資質とは

第1章でも述べたように、この章ではリーダー自身が組織の中でどのようにリーダーシップを発揮し、ゴールに導くべきかを考えていく。基本的に質問形式で進めていくため、読者の皆様も一緒に考えながら、読み進めてもらえれば更に理解が深まると思う。

理想のリーダー

あなた自身が考える理想のリーダー像は?

これまで実際にあなたが出会った上司や先輩などのリーダーを思い出し、その中でもとても理想に近い方の具体的なイメージを呼び起こしてください。

どんな点が理想的で素晴らしかったのか、全く見知らぬ第三者に説明するように客観的に表現してみてください。

実は、なかなか難しい作業であるが、考えを深めれば深めるほど、さまざまなリーダーの要素や概要が見えてくるはずである。この作業はなるべく一人ではなく複数人で議論を交わしながら進めていく方が有効だろう。

まず、模範解答から紹介していきたい。

ストッグディルの特性論

まずは王道ともいえるアカデミックな研究分野、リーダーシップ論の歴史をたどってみよう。リーダーシップ論の古典的な理論の一つに、リーダーとなり得る人材は、他と比較して特別な能力や性質を持っているという考え方がある。要するに「リーダーシップは作られるものではなく、生まれながら持つ特質である」という考え方が前提となっている。

例えば、プラトンの『国家』、マキャベリの『君主論』などに登場するような優れたリーダーに共通する振る舞いや性格に関する研究がその主流といえる。

プラトンの『国家』においては「英知を持ったリーダーが国を治めよ」といういわゆる〝ノブレスオブリージュ〟的な考え方を唱えている。一方、マキャベリの『君主論』では権謀術数に長けたリーダー像が望ましいと書かれている。

19世紀に入り、「リーダーシップ偉人説」を発表したトーマス・カーライルの影響により、「他より優れた何らかの資質を持ち合わせた偉人だけがリーダーとなり得る」という考え方が、その後しばらくリーダーシップ論の主流となったようだ。

１９０５年に心理学者のビネとシモンが、人間の能力差を測定することに成功したことをきっかけとして、偉大なリーダーに共通する「特性」を見つけるという試みが科学的に検証されるようになった。その代表的な理論にストッグディル（R. Stogdill：アメリカの心理学者）の特性論がある。

彼はリーダーの持つ特性、あるいはリーダーシップと高い相関関係がある特性を調査し、次の14の特性を挙げた。

「公正」「正直」「誠実」「思慮深さ」「公平」「機敏」「独創性」「忍耐」「自信」「攻撃性」「適応性」「ユーモアの感覚」「社交性」「頼もしさ」

INVENIO LEADERSHIP INSIGHT（http://leadershipinsight.jp/explandict/ストッグディルの特性論 stogdills-trait-theory）を参照。

要するに、リーダーとはある特性を持った人物がなるというベースがある。

確かに、これらの特別な資質を一人のリーダーが持ち得ていたら、鬼に金棒である。恐らく、全く非の打ち所のないリーダーと言えよう。その意味でいうと究極的な理想のリーダー像であるかもしれない。
しかし、実際そのようなリーダーに出会うことはなかなか難しい。

流行りの「～力」シリーズ

次に紹介するのは、世の中で注目を集めているいわゆる優秀なリーダーたちが持っている能力を、分かりやすく表現したシリーズである。

情報収集力、分析力、実行力、準備（段取り）力、決断力、対応力、論理力、創造力、マネジメント力、俯瞰力、交渉力、企画力、発想力、目標設定力、課題解決力……などなど。

書店やインターネットで検索すれば、溢れるほどの「～力」に関する情報を入手することができる。リーダーのコンピテンシーをある力に集約すると非常に分かりやすいため、多くの企業研修などにも反映されている。一方で、最近はその流行が行き過ぎているのか、何にでも「～力」をつければいいという風潮もある。例えば、「掃除力」。確かに、トイレ掃除をきちんとやる人は出世しているようだし、多くの著名人もその習慣を指して「掃除力」という。もちろん、非常に分かりやすいのだが、個人的にはいささか違和感がある。

しかし、実際にリーダーが持つべき力を整理していく上では、とても参考になるシリーズである。例えば「わが社のリーダーの10の条件」といった具合に、企業においてリーダーを育成していくときに、最も活用されるパターンだろう。最近では多くの人材育成・研修サービス企業が、こうした「〜力」を売りに、企業人事部との間に、多くのビジネスマッチングを進めている。

実際にこのような能力・ノウハウはリーダーにとって重要である。恐らく、優秀なリーダー、特に「仕事がデキる」リーダーは既にこのような能力・ノウハウを持ち得ているはずだ。しかし、研修・セミナーや試験を通じてこれらを全て極めたところで、果たして真の理想のリーダーになれるのだろうか。

実際の管理職研修から

次に紹介するのは、私がセミナー講師として実施した企業の管理職研修において、参加者であるリーダーたちにグループワークを行ってもらい挙げてもらった「理想のリーダー像」に対する回答である。以下はその中でも、ＩＴ系の企業、30歳前後の若手リーダーたちのワーク結果を整理したものである。

部下に任せる度量がある、部下をやる気にさせてくれる、明確な指針や戦略を打ち出してくれる、信頼感がある、包容力がある、人間性が豊か、協調性がある、カリスマ性がある、根性がある、使命感を感じる、責任感が強い、勇気、情熱、愛情、体力

もちろん、業種の違いによって、ばらつきはあるものの、恐らく企業の現場でのリーダーシップに対する期待はこれらと類似しているのではないだろうか。私がセミナー講師を務める際、グループワークが形式的になりすぎた場合は、あまり歯に衣を着せず、雑談感覚で「素敵だなと思うリーダー像」というニュアンスで議論をしてもらうことにしている。それぞれの経験に基づき、自分が接したリーダーなどを思い出してもらいながら、言葉になりにくい部分を肯定しつつ整理した結果である。

これらの一つひとつの要素を見ると、いずれもリーダーシップには大切な要素であることとは皆さん納得できるだろう。

一方で、実はこれらの条件を全て満たすには、とても大きなハードルがあることに気づいただろうか。

理想のリーダー像における矛盾

先ほど見てきた、ストッグディル論や流行の「〜力」シリーズ、管理職研修ワークショップからの吸い上げなど、全ての要素がリーダーシップの大切な能力であることは確認した。しかし、一つひとつが大切であるということと、一人の人間がそれら全ての要素を持つべきだということとは、全く違うことである。この両者を混同すると、実は、非常に大きな矛盾に陥ってしまうのだ。

極論すれば、極めて万能で優秀な神様みたいな能力を備えたリーダー以外は、いわゆる理想のリーダーシップを発揮することは、非常に困難である。いやむしろ無理である。

では、なぜ、無理なのか。

例えば、あるリーダーが10人の部下を従えている組織のうち、部下のA君が考える理想的なリーダーはカリスマ性があり、戦略家で、トップダウンでぐいぐいと引っ張ってくれるタイプ。一方で、B君が思う理想のリーダーは兄貴分的な存在で、仕事はどんどん部下に任せてモチベーションを上げてくれる包容力のあるタイプ。また、C君は組織の誰とでもコミュニケーションが得意でさまざまな情報を持っており、意思決定は全て話し合いを通じて行う民主型のリーダータイプが理想だとする。

例えば、あなたがそんな組織のリーダーになったとしよう。昔から、兄貴分的なリーダという立場が多かったあなたは、新しい組織のリーダーとしてがんばっていくために、「部下のモチベーション向上」に関する書籍や「部下へのコーチングテクニック」や「ビジネスにおける仲間への気配り」を独自にセミナー等で学ぶ。先ほどのB君は、あなたのリーダーシップに満足し、喜ぶだろう。しかし、A君やC君はあなたに対して反発しているはずだ。

想定されるA君の発言として、「組織というのは結果が全てです。結果が出るまでは、もっとあなた自身がリーダーとして明確な指針を打ち出して、このチームの先頭に立って引っ張ってくれませんか。そうすれば、私はいくらでもついていきます。個々の自律とか自主性といって部下に任せるという方針は、単なるリーダーの甘えではないでしょうか」。

これだけ聞くと、至極真っ当な反論である。

また、C君であれば、「個人のやる気や自主性にフォーカスを当てるのはもちろん良いかもしれませんが、もっとチーム全体としてのコンセンサスを得るために、全体会議を増やした方がいいと思います。また、イントラネットを活用してもっとチーム内での情報共有を活性化させましょう。とにかく、組織内でお互いがコミュニケーションをとれるような環境を整えてください」

こちらも、ごもっともな意見だろう。

さて、これらの反論を受けたあなたはどうするだろうか。

もし、A君の期待に応えようとして「カリスマ性をつけるノウハウ」「トップダウンのマネジメント論」などの本を買い、即実践したと仮定する。また、C君の期待に応えようと「コンセンサスの築き方」「コミュニケーション理論」「会議ファシリテーション論」などのセミナーに参加し、実践したと仮定する。

そうすると、容易に想像できることは、これまで自分のリーダーシップのやり方に信頼を寄せてくれていたB君を簡単に裏切ることになってしまう。実は、ここが、落とし穴である。

ここに、A君、B君、C君が理想とするリーダーシップの項目が全て網羅されている一冊の本があるとしよう。第1章「カリスマ性をつけるノウハウ」、第2章「トップダウンのマネジメント論」、第3章「部下のモチベーション向上」、第4章「部下へのコーチングテクニック」、第5章「コンセンサスの築き方」、第6章「コミュニケーション理論」、第7章「会議ファシリテーション論」。

この本を読み進めた場合、章ごとの話はその中で完結しており、恐らく多くの方にとって役に立つだろう。一方で、全章すべてを実行に移そうとした場合、先ほどのような矛盾が起きるのだ。

それは次のような理由が考えられる。近代社会が到来し社会環境および生活環境が変化する中で、個人の価値観や思想が多様化しているため。また、組織が効率化や極度の成果主義を求めることでリーダーとフォロワーの構造が二極化しているため。その他、さまざまなリーダーシップに関する情報が溢れる中で、スキル論、ノウハウ論が主流になっているためであろう。

少し昔の時代であれば、同じ場所で生まれ育ち、同じ志と使命を持った仲間が、同じ組織で汗を流していた。そうした組織であれば、リーダーに対する理想像にばらつきは少なかっただろう。

結局、リーダーというのは単体であるため、全てのフォロワーの期待に応えようとすると矛盾が起きてしまうのだ。部下が10人いれば、10パターンの理想のリーダー像があると思ってよい。そのように考えることで、部下の期待に応えることがリーダーの役割ではないことに気づくはずだ。

▶いわゆるリーダーの大切な資質

ストッグディルの特性論	流行りの「〜力」シリーズ	実際の管理職研修から
公正	情報収集力	部下に任せる度量がある
正直	分析力	部下をやる気にさせてくれる
誠実	実行力	明確な指針や戦略を打ち出してくれる
思慮深さ	準備（段取り）力	信頼感がある
公平	決断力、対応力	包容力がある
機敏	論理力	人間性が豊か
独創性	創造力	協調性がある
忍耐	マネジメント力	カリスマ性がある
自信	俯瞰力	根性がある
攻撃性	交渉力	使命感を感じる
適応性	企画力	責任感が強い
ユーモアの感覚	発想力	勇気
社交性	目標設定力	情熱
頼もしさ	課題解決力	愛情
		体力

最悪なリーダー像を描く

いわゆる理想のリーダー像を追い求めることは非常に困難であることを確認した。では、現実問題として、リーダーは一体、どうしたら良いのだろうか？

ここで、対極視点法の出番だ。

「最悪なリーダー像」を極力避けるという発想である。

最悪なリーダー像を明確にして、それだけは避けていくという姿勢。これなら、部下からほとんど喜ばれることはないけれど、逆に大切な部下を裏切ることも少ない。

これまでの経験で、あなたが遭遇したダメなリーダー像を思い浮かべて欲しい。数人のグループで議論しても面白いだろう。実は、理想的なリーダー像を思い浮かべるよりも、容易ではないだろうか。ダメなリーダーというデータを拾うことはなかなか難しいが、「日経プラスワン」に「働きにくかったり、愛想を尽かした上司や先輩」について全国の30歳～59歳の会社員、公務員（の男女）に尋ねたアンケート結果（有効回答は１０３０人）があった。

1位．言うことや指示がコロコロ変わる

2位：強いものには弱く、弱いものには強い
3位：大事な局面で責任逃れ
4位：感情的で気分屋
5位：失敗を部下のせいにする
6位：上司自身が仕事ができない
7位：部下の手柄を持っていく
8位：部下指導をしない
9位：決断力がない
10位：無責任に部下に投げる

とても興味深い回答である。いずれも、そうだそうだと納得できるし、なかなか現場の生の声といった感じだ。要するにこの10項目を避けることができれば、部下から年中喜ばれることはないが、部下から敵視されたり、失望されたりすることもない。

また、ここで注意したいのは、一つひとつの項目に対応するというよりは、この10項目をじっと眺めてほしい。そうすると大きな一つの特徴が見えてくる。

一言に要約すると「ダメな上司は、言動にブレがある」のだ。

1位の「指示がコロコロ変わる」は言動にブレのあるリーダーの象徴とも言えるためもってのほかだが、2位の「強いものには弱く、弱いものには強い」や3位の「大事な局面で責任逃れ」の特徴は、状況や場面に応じて、態度が変わってしまうタイプのリーダーを批判している。また、4位の「感情的で気分屋」も、言動にブレのあるリーダーの象徴と言えよう。

先ほど述べたように、個人の価値観が多様化しているため、理想のリーダー像を追求した場合は矛盾を引き起こしやすいが、非理想のリーダー像には大きな共通項を見出しやすい。

理想のリーダーはブレないこと

逆説的に考えると「言動にブレがある」というダメなリーダー像を極力避けることができれば、ある意味で理想のリーダー像に近づくといえる。いや、理想に近づくというと語弊があるかもしれないし、妥協案とも言えるだろうが、これからの理想のリーダーの条件は「どんな状況でも、ブレないこと」と最低限言い切ることができるのではないかと思う。

改めて定義すると理想のリーダーの条件は「ブレない」「言動に一貫性を持っている」

ことである。

逆説的な発想による良いリーダーの条件は、コミュニケーション能力やコーチングテクニック、ファシリテーション能力、カリスマのノウハウといった個別の「スキル」を身につけることではなく、身の丈に応じた言動・態度を常に貫くことではないだろうか。次章ではその一貫性のことを「スタイル」と呼んでスタイルの必要性を説明したいと思う。

第3章

スタイルの確立

スタイルの必要性

スキルの習得よりも、スタイルの確立こそが、これからのリーダーに必要な条件である。そうした前提に基づいて、リーダーシップを発揮する上でのスタイルの必要性を展開していきたい。

自分のスタイルを確立するためには、冷静な自己分析を行い、自己認識を的確にしなければならない。スキルやノウハウといった個別の力をつけることと、実際の現場で自分の本来持っている力を発揮することは、同じではない。

スキルとスタイルの違い

ここでいうスタイルとは「一貫性」や「こだわり」、あるいは「らしさ」という言葉に置き換えられる。このような場合にも、対極視点法が有効だ。スタイルとはどのようなものかを明確にするために、対極に位置づけた「スキル」と対比して考えてみたいと思う。

▶スキルとスタイルの対比

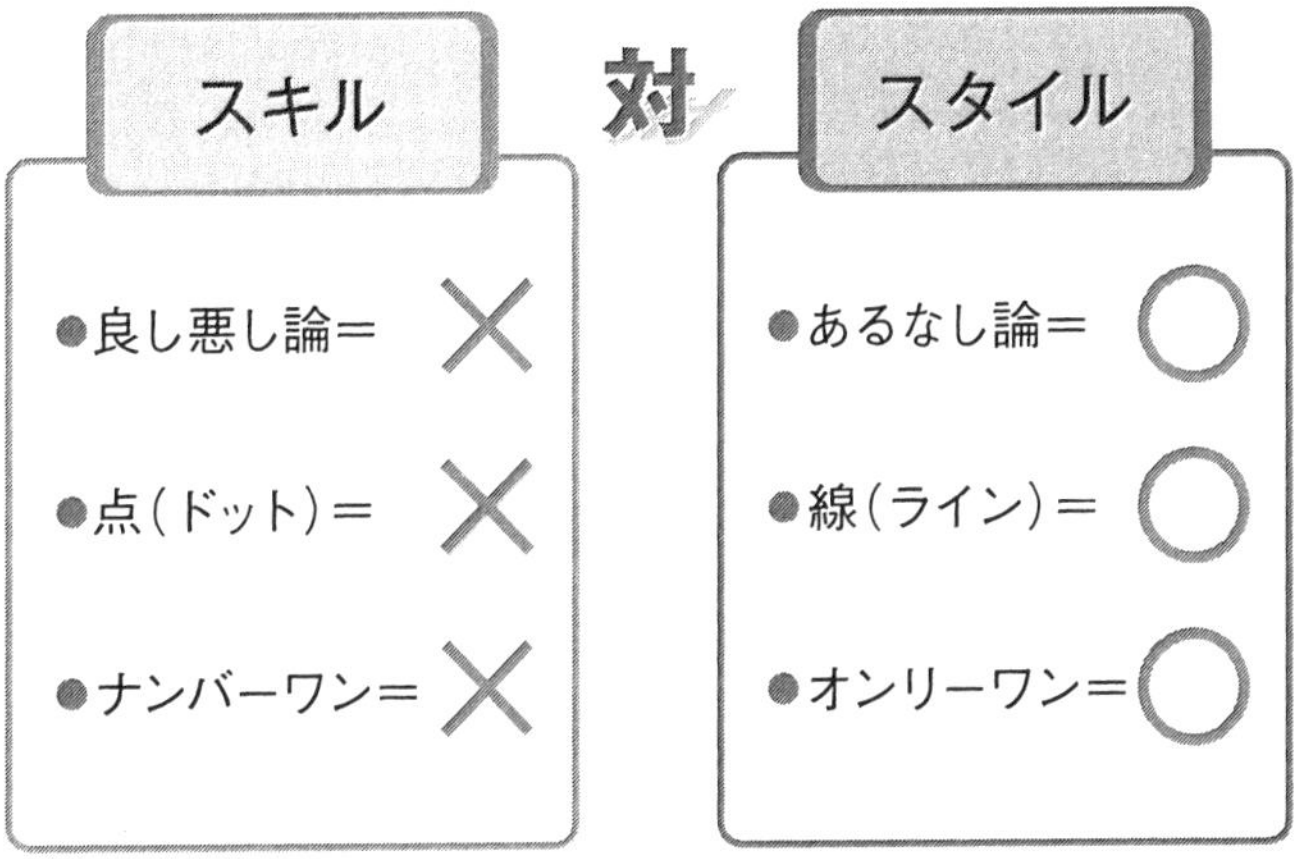

スキル		スタイル
●良し悪し論＝✕		●あるなし論＝〇
●点(ドット)＝✕		●線(ライン)＝〇
●ナンバーワン＝✕		●オンリーワン＝〇

スキルというのは人間の持っている能力や技術と理解してもらえると分かりやすい。第2章で触れた企画力、情報収集力、表現力といった「〜力」という表現がしっくりいくものである。そうしたスキルは、基本的に「良し悪し」を軸として評価される。その人に、そのスキルがあるか否か、もしくはすごく長けているかそうでないかがはっきりとしており、分析手法が体系化されていれば、点数をつけることも可能である。

特に仕事においてはそうしたスキルを、資格制度でランク付けしたり、試験で順位を出したりすることも少なくない。例えば、「営業力ならオレが会社で一番だ。しかし、企画力ならば社内では誰もA君には及ばないな」といった具合にナンバーワンを決めることができる。要するに、その人の持ち得ているスキルが良いか悪いかが価値基準となる。

それに対してスタイルの価値判断は全く別の軸で下されなければならない。スキルのように点数での比較は極めて難しい。スタイルが評価される軸は、あるかないか、である。スタイルを持っているか、持っていないか。たとえそのスタイルが格好悪かったとしても、それを強烈に持つことが大切だ。強烈なスタイルを持つのではなく、スタイルを強烈に持つ。

また、スキルは点数化することが可能なため、組織の中でナンバーワンを決めることができる。一方で、スタイルはナンバーワンは決められない。「〜らしさ」や「こだわり」

は、その良し悪しを追求するものではなく、あくまでもオンリーワンを追求する世界の話だからだ。もちろん、独りよがりな安易なオンリーワンは論外である。

さらに、スキルというものはドット（点）で示されるが、スタイルというものはライン（線）とイメージしてほしい。スキルはいくら集めてもドットにしかならないが、それを線にするのがスタイルである。

スタイルとは、一見しただけでは判断できない。だから、初対面でその人のスタイルを見極めるのは困難である。その相手に何度も会い、たくさんの場面におけるその人の言動をつなげていくことで、スタイルが見出され、理解することができる。例えば、次の場面での言動をつなげていくとその人のスタイルの有無が見えやすい。

- 忙しいときと暇なときの、人への対応や配慮の違い
- 身体の調子がいいときと悪いときの、仕事ぶりの違い
- 自分の上司と部下に対する態度の違い
- 仕事などで失敗したときと成功したときの、人への接し方の違い
- 職場とプライベートでの、人付き合いの違い
- お酒を飲んだときと素面のときの、自己主張の仕方　など

いずれも、良い悪いや格好いいか悪いかの問題ではなく、一貫性があるかどうかがスタ

イルの有無につながる。だからこそ、リーダーは勇気を持ってスタイルを構築してほしいと思う。

中竹のスタイルとは

概念的な話だけをしていても分かりづらいので、私自身のスタイルを例に挙げながらスタイルの重要性を説いてみよう。まず、私のスタイルの大きな特徴は「日本一オーラのない監督」であること。これは自分でも気に入っているキャッチフレーズの一つでもある。その他、周りの期待に応えないと同時に、他人に期待しないスタンスを持っている。また、指導している選手たちを怒ることよりも、逆に私が謝ってしまう。さらに、私自身がスタイルを重視していると同様、選手たちにもスタイル確立を勧めている。

中竹スタイル❶ 日本一オーラのない監督

私は、早稲田大学ラグビー蹴球部の監督になったころから、学生や周りのコーチに「オーラがない」と言われ続けてきた。それは、私の前任である清宮克幸氏（現在、ヤマハ発動機ジュビロ監督）が強烈なオーラを放つカリスマ的リーダーだったため、二人のギャップが特に目立ったのではないかと思う。

清宮氏を簡単に表現するとこうなる。とにかく、どこにいても、誰といても、強烈な存在感で常に集団の先頭に立っている。どっしりとした体格で、猛獣が眼力だけで獲物を凍らせるような鋭い視線と、自信に満ちた明確な指示で、組織をトップダウンで動かしていく。

一方で、私の場合、集団の中に入ってしまうと、どこにいるか分からなくなるほど、存在感がない。身長は結構あるものの細身でなで肩のため、人に対する威圧感は皆無。人ごみに溶け込んでしまうため、ラグビー場でもあまり気づかれることがない。声には迫力がなく、口調も視線も柔らかで、表情もどこか自信がなさそうに見えるようだ。

このように清宮氏と比較すると自虐的に聞こえてしまうかもしれないが、私は決して自らを卑下しているつもりはない。「日本一オーラのない監督」というのは、いつの間にか、私のキャッチフレーズとして定着してきたように思える。私自身がこのキャッチフレーズを気に入っている理由は、明確なメリットがあるからだ。

まず、選手やスタッフ、コーチ陣は監督である私を完璧な人間、いわゆる雲の上の存在と思っていないため、常に同じ目線で素直に意見が言える。対等に議論もできるし、反抗だってできるだろう。カリスマリーダーであれば、ときとして「裸の王様」になる危険をはらんでいるが、私のようなタイプであれば、その懸念は少ない。組織に対する疑問点や私の間違っているところをすぐに指摘してもらえる。私の方から選手に対して「最近どう?」などと、プライベートの話や将来の仕事に関する話題などを気軽に話しかけることも可能だ。よりフラットな関係が築けることから、情報が入りやすく、組織内に溜まった不満や意見も比較的耳に入りやすい環境を作ることができる。

単純にいえば、オーラのないリーダーは情報をたくさん仕入れることができる。もちろん悪口といった嫌な情報も集まってくるが、それは受け取る側が我慢すれば済む話である。

オーラを放っていたり、カリスマ性が突出していると、周りは勝手に天才的リーダー像を描いていく。一つひとつの言動に重みが増していけばいくほど期待が高まり、小さな失敗も許されないような雰囲気が作られていく。リーダーは全ての分野において、組織の中でトップでなければならないといった神話が組織の中で展開されることも少なくない。もちろん、本当に優秀なリーダーはそうした周りからの期待をエネルギーに換え、成功体験を積み上げていくだろうが、必ずしも誰もができるわけではない。

私の場合、オーラがなく、カリスマ性もないので、そもそも周りからの期待値が低い。だから、ときに馬鹿にされたり、文句も言われるが、無理に背伸びする必要もないことがとても心地よい。ハードな練習メニューを提示して、不機嫌そうに「チェ！」と舌打ちをされたり、「エー、まじ?」と思わずタメ口で反論する学生がいても、あまり気にならない。そこに、大人の礼儀を持ち出して、言葉遣いのうんちくを述べても意味があるとは思っていない。それよりは、グラウンドを離れたとき、そんな一世代違う学生やスタッフと部屋で普通に雑談をしながら、ときにいじられたりするのも楽しいひとときである。

そのため、私の指導方針にはオーラというものは、むしろない方が都合のよい存在なのである。

中竹スタイル2

期待に応えない

誰しも、自分に期待をかけられるとうれしいもので、その期待に応えようとする。これはいわゆる本能の一種だろう。また、誰しも、他人から良い評価を得たい、褒められたい、認められたいという欲求があるため、期待には積極的に反応してしまう。また、期待に応えると、相手も喜んでくれることを知っているため、本当はできないと分かっていることであっても、誠意だけでも見せたいという気持ちから、ついついがんばってしまった経験は誰しもあるのではないだろうか。

一方で、組織のリーダーの立場であると、部下や周りの期待に反応することで、その瞬間は喜ばれるものの、その期待自体はいつの間にか膨らんでいく。最初より期待が膨らんでいくと、実はその期待に添うことで、相手を満足させるのが難しくなるという現象が起きてしまう。

リーダーが、目の前（つかの間）の感謝のために周りの期待に応えてしまうと、結局、大きな意味で部下を裏切ってしまうケースがある。

簡単な例を挙げると、私が監督就任1年目に、よく選手から「中竹さん、この練習は単調でつまらないので、清宮さんがやっていたような練習メニューをもっと取り入れてもらえませんか」と言われた時期があった。彼らも、単に私のやり方を批判しているのではなく、強くなりたいという本心から出た正直な意見だったので、期待に応えるために精一杯、準備したことがある。

実際に清宮さんがやっていたその練習メニューを生の目で見たことがなかったので、意見を言った選手たちや他のコーチ陣にそのメニューのやり方を聞いたり、実際の練習ビデオをチェックするなどして、早速、選手の要望どおりに練習メニューを実践したのである。

すると最初のうちは、選手たちもうれしそうに練習をしていたものの、途中から私の背中の辺りで誰かが「あーあ、清宮さんだったら、もっと具体的なアドバイスがあったのになあ。うまくいかないときは、笛で練習を止めて、見本を見せてくれたのに。これだと、何がいいプレイで何が悪いプレイかよく分からないままやらないといけないから意味ないなあ」とつぶやく声が聞こえた。

要するに、見よう見まねで他人が作った練習メニューを実施しても、その練習メニューを考案した人間でなければ、その真意を伝えることはできない。つまり、練習の内容は悪くないにしろ、質の高い練習を指導することはできない。

選手からの期待に応えることで、一瞬の満足は得られるだろうが、本質の部分で選手の期待に添うことは非常に難しいといえる。

だから、自分で無理だと分かっていること、または、自分のスタイルには添わないものに対しては、最初から、期待に応えないようにしている。それは、結局は期待を裏切らないためである。

さらに、期待にそもそも応えない態度をある一定期間貫けば、私の経験上、最初はフォロワーから雑音が聞こえるものの、そのうち彼らは期待しなくなり、諦める。

諦めてもらえれば、もう、リーダーの勝ちである。それがフォロワーの自律の一歩といえよう。

中竹スタイル 3

他人に期待しない

私は他人の期待に応えないだけでなく、基本的に他人に期待しないことにしている。なぜか。それは、他人に過度な期待をすると、がっかりしたり、怒りを覚えたりするからである。例えば、私の場合、普段からオーラを放っていないということもあり、人からよく馬鹿にされたり、文句を言われたり、生意気な態度を取られることがある。もちろん、冷静に考えれば、むかつくのが当然だが、そもそも「皆は私のことなんか、どうせ見下しているんだろうな」と理解していると、彼らの態度が至極当然に見えてくる。

そんなとき、しばしば、私ではなく、周りの人間の方が「中竹、学生に、あんな態度とらせていいのか!」と怒りを露にすることも少なくない。決まってその場合私は「まあまあ、しょうがないよ」と見て見ぬふりをする。そうした私の態度を見て「中竹は優しすぎる」とか「彼は温厚な性格なため甘やかしている」という表現をされるが、自分では全くそうは思っていない。

所詮、人はそれほど私のことを深く理解していないし、また、私が尽くした分だけの誠意を相手が感じてくれるとは毛頭思っていない。我々はコミュニケーションの誤解の連続の中で生きており、ときに相手から期待を超えた喜びをもらったり、ときに裏切られたような態度を受けながら過ごしている。

要するに、人に期待しないというのは、結局は、私自身に期待していないことである。そもそも完璧な人間ではないので、常に「所詮、私なんか」というスタンスでいる。別に卑下しているつもりもないし、悲観的になっているわけでもない。自分の能力や器は自分が一番理解しているので、このスタンスは実に心地が良い。

例えば、ある人との初対面でのやりとり。冷静に第三者になりきって、私を眺めてみる。すると「なんだ、これが中竹か。早稲田ラグビーの監督のわりには、なんだかパンチがないし、頼りなさそうだなあ」と自分でも思うだろう。そうシミュレーションしておけば、その相手が本当にそう思ったとして私と接しても、いらいらしない。

普通なら、初対面の相手に格下に思われたり、「上から目線」で物を言われたりすると、非常に不愉快になるだろう。しかし、最初は分かってもらえなくても、これから何度か会っていけば、分かり合えるだろうという長期的な希望や自信があれば、焦ることはない。周りからすれば、リーダーとしてのプライドがない、という見方もされるが、逆に、私にとっては無駄なプライドはなるべく持たないようにしている。

非常に難しいことではあるが、このスタイルを貫くことができれば、感情をコントロールすることができる。人からどんな態度を取られても、いらいらすることはない。

中竹スタイル 4

怒るより、謝る

私は、昔から人に対して、強気や攻撃的になれなかったため、今でも、人を叱ったり怒ったりすることが苦手だ。ラグビーを指導している際も、選手を怒鳴ることはほとんどない。

なぜか。それは、怒っても怖くないからである。そのことは自分が一番よく分かっている。性格的にガツガツ人に言うタイプでもないので、怒りたくなったら、自分の負けだと腹をくくっている。

例えば、試合中、ある選手がゲームプランを無視してひどいプレイをする。また、練習中、集中力に欠け、ミスばかりする。そのとき、普通の監督なら、選手を怒るだろう。

しかし、私は怒りたい気持ちよりも、選手たちに「申し訳ない」という感情が走る。直接的に、「ごめん、申し訳ない」と言うケースは少ないが、指導スタイルとして、選手たちの悪いプレイを怒るということはあまりしないように心がけている。たとえそれが、選手たち自身の気合が足りなかったり、自己管理を怠っていたことが原因だとしても、基本的には彼らに謝りたいという気持ちがある。なぜなら、選手たちの気合が入るための準備を私が完璧にできていなかったり、自己管理の重要性を理解させていなかったという指導不足に対して、申し訳ないと思うからだ。私のような怒らないスタイルを持っている人はいかに怒らないように準備するかが肝になるだろう。

もちろん、そのスタンスだけだと、選手の自律成長に支障をきたすので、ときには本気で怒ることもある。

中竹スタイル5

選手たちのスタイル確立を重視

私の指導方針として、リーダーの私がスタイルを持つことはもちろん、選手たちにも、自分なりのスタイルを持つことを奨励している。リーダーだけでなく、フォロワーも、自分のスタイルを構築することは重要である。その具体的な手法として、年に数回、リーダーの私と個人面談を行っている。また、セルフマネジメントという部門を作り、専門スタッフからレクチャーと直接指導を受けることによって、自己の確立を促している。

そのために、監督として大切なことは、個々のスタイルの確立を選手の評価基準に組み込むことである。ただ単に、選手のスタイル確立を唱えても、選手たちはスタイルを確立することのメリットを享受できなければ、スタイル作りに興味を持たない。特に下級生には「スタイルの確立」を意識させ、上級生にはワンステップアップの「スタイルの発揮」

に力を注ぐようにアドバイスを送っている。

格好悪くても構わない、どんな相手にもブレないパフォーマンス、どんな状況でも変わらないパフォーマンスができる選手を高く評価している。

スタイルを重視した指導方針は、聞こえは良いが、選手選考の基準が非常にあいまいになるため、実は、組織の中に不満が高まりやすい。先ほど述べたように、スキルは良し悪しで判断できるため、選手選考の基準になりやすい。そのために、ほとんどの選手は、評価基準というものは試合でのパフォーマンスの良し悪しが全てだという認識が強い。しかし、私の方針としては、スキルよりもスタイルの重要性を説いて、自分らしくチームに貢献できる一貫性のあるパフォーマンスの発揮を期待している。

スタイル確立の鉄則

選手を指導していても感じることだが、スタイルを確立するのはなかなか容易なことでない。そのためここではスタイルを作り上げていくポイントを整理したいと思う。まず、はじめに冷静な自己分析が必要である。そのために多面的な視点で自分の特徴を洗い出すことをお勧めする。次に、周りや世の中の期待やプレッシャーに負けないこと。私は、そのような外部の圧力を「引力」と呼んでいる。最後は、スタイルが見えたら、勇気を持って貫くことである。

スタイル確立の鉄則 1 多面的な自己分析

自分はどういう人間であるかを認識することは、自分がどのようなスタイルを確立するかを決定するための大きな要素である。歴史上、偉大な功績を残した人物に共通していえることは、彼らは自己認識を完璧に行っていたということ。自己認識は最大の武器。要するに、優れた能力を持っていたこと以前に、自分の能力や思考を完全に理解していたといえよう。

まず、自己分析の基本として、長所短所という項目がある。自分は何が得意で、何が苦手なのか。いわゆる単純な能力である。スキルとスタイルの話で言えば、まずスキルの方である。どんなスキルを単体として持っているか。これまでの自分の人生における成功事例と失敗事例の実績を振り返れば分かりやすいのではないだろうか。

また、同じく重要なのは、自分は何が好きで何が嫌いか。例えば、働くという点で考えれば、どんな業種や形態の仕事が好きなのか。サービス業が好きなのかメーカーが好きなのか。また、一つの会社でも営業部が好きなのか企画部が好きなのか。

一方で、混同しがちなのは、先ほどの得意不得意（長所短所）と好き嫌いを同一視して考えてしまうことである。得意分野＝好き、という具合に案外ならないこともある。例えば、営業が得意だけど、本当は他にやりたい部門があったり、嫌いだったりする。また、昔はとても好きなものがあり、憧れていたのに、実は年月が経つにつれ、そのものへの執着が知らないうちに薄れてしまっていることもあるはずだ。

人間は人との出会いや経験の中で、嗜好が変わっていくものである。なので、自分自身が当たり前と思っている考えも、定期的にチェックすることを勧める。そうして、冷静に自分を分析してもらいたい。

さらに、ものごとに対する姿勢や態度も自己分析では重要な項目である。論理的に思考するのか、直感的に行動するのか、楽天的でポジティブ思考でものごとを解決しようとするのか、用心深く冷静に実行するタイプなのか。人間、いくら能力が同じでも、そうしたアティチュード（態度）が違えば根本的に能力を発揮する場面が変わってくる。

もちろん、自分だけでそうした自分の思考、思想、姿勢、態度、性格を完璧に理解できれば問題ないのだが、そのような人はなかなかいない。よって、自己分析をする際に重要なのは、同僚や上司、部下、友人、家族に自分のことを聞くことである。

しかし、自分のことを他人に真剣に表現してもらうことは、そんなに簡単なことではない。最近では、さまざまな自己分析サービスが開発されているので、それを試してみるのも良いかもしれない。

スタイル確立の鉄則 **2**

できないことはやらない

多面的な自己分析を行った上で、自分にできないことはやらないこと。能力的に無理なこと、性格的に合わないこと、本能的に避けたいことは、スタイルからそぎ落とした方がいい。身体が欲していること、好きなこと、ワクワクすることをまず優先的にスタイルに組み込むことが大切だ。

先ほど述べたように、私の場合、怒ることは極力避けている。それは、怒ることが苦手だからだ。しかし、リーダーたるもの、いつもメンバーを褒めているわけにもいかない。怒らなければならないときは、しっかりと活を入れなければならない、といった考えがいわゆる正論だろう。

しかし、怒ることが苦手な人間にとって、無理に怒りの雰囲気を出して、声を荒げ、活を入れようとしても「こんな場面は、リーダーとしてなんとなく、怒った方が良さそうだから今日は怒ろう……」というスタンスならば、真意は伝わらないだろう。

であるならば、結局、上手に怒るスキルを磨くよりは、怒らなくてもいいような環境や状況をリーダーとしていかに作るかを突き詰めた方がはるかに自分らしさの構築につながるだろう。特に、感情のコントロールはスタイル構築の際の大切な要素であるため、やりたくないことをやらないための準備や戦略を入念にすることをお勧めしたい。

また、組織マネジメントにおいて、リーダー自身ができないことを無理矢理やろうとすれば、必ずといっていいほど、組織は崩壊する。自分の能力では到底できないリーダーの役割があったとすれば、いくつかの方法で対処しなければならない。例えば、自分以外のメンバーでその役割を遂行できる人間を探し、任せる。組織内に適任者がいなければ、外部から探して連れてくる。それでもいなければ、その役割の要素を分解し、複数人で役割をシェア（分担）する。もしくは、その役割自体をなくし、代替案を探す。といった具合に、できないことをやらずに済む方法を考えるしかない。もちろん、単に自分が怠惰なだけで「できない、やりたくない」というレベルの話は論外である。

スタイル確立の鉄則 3

短所こそ光を！

次に大切なのは自分のいわゆる短所に光を当てることである。「いわゆる」という言葉をあえて使ったのは、一般的には長所と言われることが稀な部分に注目するからである。例えば、背が低い、足が遅い、身体が弱い、不器用、人見知りする、優柔不断、あがり症といった通常、短所の欄に連なりそうな部分を見つめることである。

運動選手であれば、背が低い、足が遅い、身体が弱いというのは、明らかに不利である。また、いくら努力しても完全に克服することができないこともある。そうした場合、それらの短所とは一生向き合っていかなければいけない。だからこそ、その短所が発している光を感じることが大切だ。

その光とは、チャンスである。

人は、何か足りないと思う部分があれば、それを改善しようと試みる。そこに、チャンスが隠れている。例えば、足が遅ければ、どうすれば速くなるか、また、足が速いのと遅いのでは何がどう違うのか、どんな場面で足の速さが大切になるのか。そうした足の速さに関するさまざまな場面をイメージする。すると、絶対的なスピードでは皆に負けるが、スピードをコントロールすることなら人より長けている、また、方向転換なら負けない、ステップワークならそこそこ通用する、などの方策も見えてくる。

私は早稲田大学ラグビー蹴球部で現役でプレイしていたころ、チーム一足の遅い選手だった。大学生では考えられないほどの鈍足で50メートル走は7・6秒。これは小学校5年生レベルだ。しかし、いくらトレーニングをしても進歩しなかった。そのため、自分のポジションにおけるゲーム中のあらゆる場面を洗い出した際、その瞬間的なスピードが求められる割合を計算してみた。また、その場面における対策を練ってみると、思わぬ新しい発見があった。まず、80分間を1チーム15人でプレイするラグビーにおいて、私が守っていたフランカーというポジションで直線的に50メートルを走るシチュエーションはほとんどなかった。また、瞬間的なスピードが必要な場面では、その動き出し（スタートのタイミング）やゲームの流れの読み、走るコースのうまさを補うことでカバーすることができた。

　そもそも100パーセント全力を出して走ったとしても50メートル＝7・6秒であるということは、8割くらいで走っても50メートルが7・8秒くらいである。生理学上、いわゆる全力疾走を一度でも行うと回復までに適度なレスト（休息）が必要となる。だから、私の場合、試合に臨む際にとても意識していたことは、80分間、絶対に全力で走らないことであった。いわゆるラグビー界では逆転の発想である。そもそも、瞬間のスピードでは勝負を捨てた鈍足の私にとって、7・6秒も7・8秒も、大して変わりはない。所詮、足が遅いことは変わらない。だからこそ、いかに動き出しやゲーム観、走るコース、運動量で勝負するかに集中していた。

　そうすると、当然、チーム内外から日本一足の遅いラガーマンと言われていたが、それもそのはず、鈍足が常に8割程度でしか走らないので、私としてはそう呼ばれるのは当然と思っていた。

　先ほど挙げた「日本一オーラのない監督」も、いわゆるリーダーとしてのオーラのなさという、一見短所に思える部分に、あえてチャンスを見出した例と言える。

スタイル確立の鉄則 4

引力に負けない

私が勝手に定義づけた言葉であるが、「引力」とは周りや世の中の期待やプレッシャーを指す。周りの目が気になることや体裁・世間体といった見えない圧力も引力と言えよう。そうした見えない力に負けてしまうと、なかなかスタイルを確立することができない。

リーダーシップという点で言えば、「リーダーはこうあるべきだ!」という無駄な力に揺さぶられるリーダーは少なくない。例えば、「リーダーは優秀であるべきだ」「リーダーは威厳を持つべきだ」「リーダーは部下を平等に扱うべきだ」「リーダーは明確に指針を示し、部下を引っ張っていかなければならない」といった具合に、なんとなく正しく聞こえる「~すべき論」と戦ってしまう。

実は、先ほど挙げた例は、リーダーが守るべきルールでも条件でもなんでもない。ただ、多くの人が抱いている単なる印象に過ぎない。にもかかわらず、多くのリーダーたちはそうした引力と無駄に戦っているように思える。

特に、部下から実際にそのような批判や期待を受けると、それに反応してしまうだろう。確かに、こうした引力というものは正しく聞こえるため、それに従っていないと自分に罪悪感や劣等感を抱くかもしれない。しかし、冷静に考えてみると、組織の中でその引力だけに従ったところでうまくいくとは限らない。また、引力に完璧に応えたところで全員が満足するわけでもない。最悪なのは、その引力は誰も責任を取ってくれないのである。

極論すれば、「男は男らしく、堂々と売られた喧嘩は買わなければならない」や「女は女らしく、おしとやかで笑顔を絶やしてはいけない」といった偏見も引力と言えよう。これに従ったからといって、万人から、ご褒美をもらえるわけでもないし、誰もが幸せになるわけでもないということは、皆さんも既にご存じであろう。

要するに、世の中に浸透している「正論」からは、まず自分を切り離してしまった方が良い。最初は、多少、正論を持ち出されて批判をされることもあるかもしれないが、そこはほんの少し我慢すれば誰もが忘れていくだろう。

スタイル確立の鉄則 5

焦らず、勇気を持って

多面的な自己分析を行い、短所にも光を当て、自分らしいスタイルを発見できたとしても、それをきちんと発揮しなければスタイルを確立することはできない。スタイルというのは点でなく線であるため、時間が必要で、1日や1週間では確立されない。だから、肝心なのはすぐに信頼を得ようとしないこと。極端に言えば、短時間で築いた信頼関係は簡単に崩れるという考えを持って、焦らずじっくりスタイルを作っていけばいいのである。そうしたプロセスの中で、新しい意外な自分の型を発見するかもしれない。そうしたら一石二鳥だ。

最後に、いろいろと述べてきたが、結局は、自分のスタイルを貫くには、最終的に大きな勇気がいるということを強調したい。そこは理屈ではない。引力に負けそうになった場合、その意志を支えるのは自分自身のスタイルに対する勇気と覚悟である。

特に、リーダーとしてスタイルを発揮する場合、最初は多方面から批判や反対意見を受けるかもしれないが、それはある意味一つのスタイルができあがりつつあるという証だと思えば楽になる。一つのスタイルを持つということは、他の価値観を持った人間からは必ず反発されるという原理を理解していれば、「仕方なし」と覚悟は決まる。

最も避けたいのは、部下やメンバーの反発に対して、一喜一憂しながら自分の言動が右往左往することである。とにかく、万人から認められるスタイルというのは存在しない。

一方で、勇気を出せ、覚悟を決めろ！　と言われても、なかなか簡単にできるものではない。

次は、自分自身に勇気をわかせるコツとして私が心がけているＶＳＳマネジメントを紹介したい。

VSSマネジメント

VSSとは、Vision（ビジョン）・Story（ストーリー）・Scenario（シナリオ）の頭文字をとった言葉である。VSSマネジメントとは、この三つのフェーズをマネジメントすることで、スタイルを構築したり、スタイルを発揮する手法である。もちろん、私が独自に考えた手法であるため、万人に適するとは思わないが参考までに紹介したいと思う。

このVSSマネジメントは、リーダー、フォロワーといった個人に限らず、チームや組織のスタイル構築にも活用できる手法だ。もちろん、仕事におけるプロジェクトや会議、スポーツにおける試合にも有効である。簡単に説明すると、三つのステップを踏む。

1ステップ　まず、ビジョン（Vision）を描く

2ステップ　次に、現在からビジョンに向かうまでの道のりをストーリー（Story）にする

3ステップ　最後に、ストーリーの裏側にあるシナリオ（Scenario＝台本）を用意する

その後、実行していくだけの話だ。では、それぞれを詳しく見ていこう。

▶ VSSマネジメント
Vision (ビジョン)-Story(ストーリー)-Scenario(シナリオ)

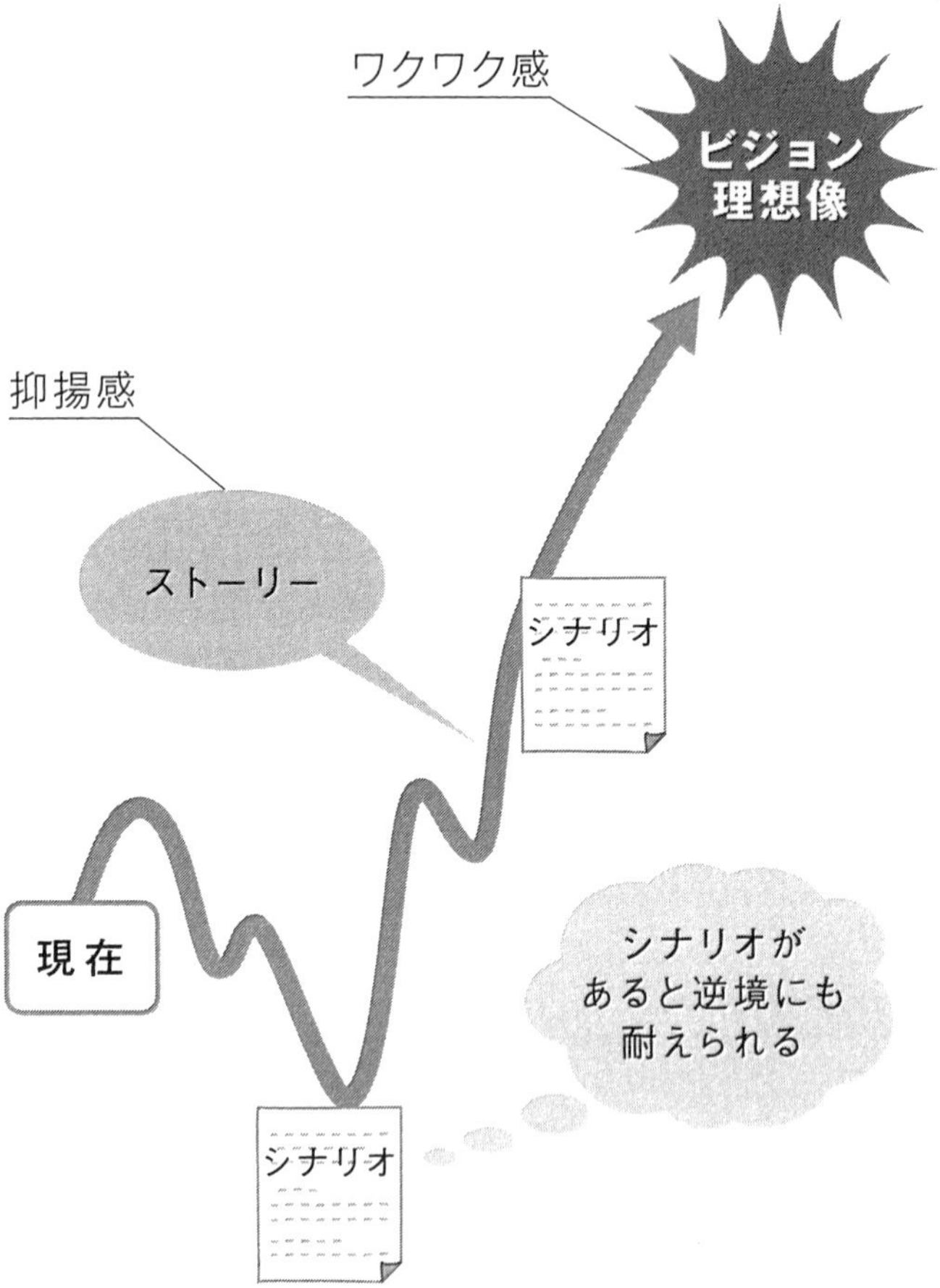

ビジョン設定

昨今あちこちで「ビジョン」という言葉を目にするようになった。特に、社会人になればなるほど、企業に属せば属すほど、その言葉に触れる機会が多くなるだろう。最近では、高校生や大学生にもなじみの深いワードとなっているようだ。

「君の将来のビジョンは?」と問われたり、「我が社のビジョンは……」と社長が語る。要するにビジョンというのは、将来に向かって思い描いた最終ゴールであり、理想像である。

例えば、大学の入学式。この時点でビジョンを描ける新入生は大学生活での充実度がアップする可能性が高い。

単なる学生サークルの域にとどまらず、大学を卒業する時点で会社を三つ四つ経営しているというビジョン。卒業する前に司法試験や外交官試験に受かって、4年後にはもう現場で働いているというビジョン。もしくはスポーツ選手ならば、学生の時分からプロアスリートとして世界で活躍するというビジョン。

一方で、このような華やかなビジョンではなく、誰もが避けたくなるような、また世の中からあまり注目されないような分野で、生死をかけた人助けを仕事として始めようとしているビジョンも素敵だ。

大学生であれば、どのような勉強をして、どのようなサークルや運動部で活動をするかという4年間のプロセスをビジョンとして設定することが大切だ。

さらに、プロセス以上に大切なのは起点、中間点、終点などの具体的なイベント時におけるビジョンである。例えば、入学式で何を感じ、2年生の修了をどのような形で通過し、卒業式をどのように迎えるか。

入学式：「初めて着たスーツ。今は、ちょっとぎこちないが、この4年でこのスーツがピタッと決まる大人になる。さあ、とにかく、今日からたくさんの人と話そう。そして、今までやったことのないことに、勉強やスポーツに挑戦するぞ」

2年生修了時：「ゼミの海外研修で、英語でプレゼンして、世界中にたくさんの友人を作る」

卒業式：「一生の仲間という財産を得ることができた。この4年間はとにかく最高だった。この経験があれば社会に出るのが本当に楽しみだ」。本気で感動して、仲間と抱き合っているシーン。

スポーツであれば、自分が引退するまでのビジョン、それぞれのシーズン毎のビジョン、各ゲームのビジョンと、具体的にイメージを設定することが大切である。

例えば、シーズンビジョンであれば、長い長いトーナメントの決勝戦で、試合に勝った瞬間、ガッツポーズでうれし泣きしている姿を強く持てるか。シーズンの節目ごとにそのビジョンを共有することも効果的である。

ビジョンというものは、イメージすればするほど、鮮明になっていく。毎日、1分間でもイメージできればそのビジョンは実現される可能性がアップする。

ビジョンを設定する場合、大切なのはその具体性である。また、ビジョンには「ワクワク感」が必要だ。ビジョンを思い浮かべるだけで、アドレナリンが出てやる気が倍増するようなものでなければ、モチベーションを維持できない。

ストーリー作成

「ビジョンは大切だ」と言う人はたくさんいるのだけれども、もっと大事なのは、ビジョンにたどり着くまでのプロセスである。ストーリーとは、その現時点からゴールであるビジョンまでへの道のりである。

大学生であれば、入学から卒業までの4年間の過ごし方を指す。何の苦労もなく、真っすぐなストーリーでビジョンを達成できれば問題ない。しかし、現実はそう簡単にはいかない。簡単に達成できるビジョンは恐らく設定の時点で魅力あるものではなく、ワクワクしないだろう。

通常、ビジョンに到達するまでに、たくさんの誘惑であったり、壁であったり、邪魔が入る。ビジョンに加え、そうした障害を乗り越えてたどり着くまでの道のりを将来のストーリーとして描いておくことが大切である。

映画やドラマでも、主人公が、途中で挫折したり、迷ったり、失敗したりしながら、紆余曲折を経てこそ、ハッピーエンドで人は感動する。仮に主人公が、なんら苦労もせずに、最初から最後まで普通に過ごし、普通に成功する物語であれば、見ている人は心を揺さぶられることもなく、時間が過ぎていく。このようなケースは、現在点からビジョンまで、真っすぐで単調なストーリーといえる。

ストーリーを自分で描く際に必要になるのが、自分のスタイルである。自分自身を冷静に分析し、今の己の能力や性格からスタイルをイメージする。

そして、そのスタイルの中で、ビジョンに向かうまでの自分のストーリーを作り出す。要するに、自分が主人公であれば、自分が映画のスクリーンに映し出されている姿をイメージする。

例えば、最初はなかなかうまくいかないとしても、何回か失敗を味わっても、それらの経験知を積めば3年間で必ず一流になれる。このような挫折を含めたストーリーを描いておけば、本当に挫折や失敗がやってきても、挫けることはない。

なぜ、ビジョンだけでなく、ストーリーが大切かという理由は、すべての挫折や失敗を乗り越えるためである。例えば、ある挫折や失敗を「点」の状態として捉えた場合、それは明らかにビジョンから遠ざかっているケースもある。その落ち込んだ「点」だけの状態が全てだと受け入れてしまうと、たとえ強い人間であってもへこむだろう。

しかし、それを単なる点でなく、実は明るいビジョンへ繋がっている成功ストーリーのライン（線）の一部であり、右上がりの起点として捉えることができれば、「ここが踏ん張りどころ！」だと前向きに努力することができるはずだ。

人生であれ、仕事であれ、プロジェクトであれ、会議であれ、一本の電話であれ、障害はつきもの。だからビジョンの前に立ちはだかる障害をきちんと予測するべきである。

これはスポーツでも一緒だ。チームに圧倒的な強い力があれば、もちろん真っすぐなストーリーで勝利を収めることができるが、敵チームも必死である。スポーツの試合だと、いくら準備をしたところで、必ずミスが出る。だからこそ、ある程度のミスを想定したストーリーを描いておくことで、逆境でも打ち勝つことができる。

ビジョンには「ワクワク感」が必要であるといったが、ストーリーには映画の主人公のような「抑揚感」が必要である。

シナリオ演出

ビジョンとストーリーが揃えば、最後に重要なのはシナリオだ。いわゆる台本作りである。抑揚のあるストーリーを描いたとしても、ストーリー通りに主人公を演じられるかどうかは、きちんとした台本を用意し、その演技をいかに仕込むかにある。

映画やドラマであれば、感動ストーリーの見えない裏には、優秀な監督や演出家がいて、台本と演技を何度もすり合わせながら、一つの作品を編集して完成させる。

しかし、人生にはリハーサルもなければ、編集作業でカットすることもできない。要するに全てがぶっつけ本番である。だからこそ、シナリオ作りと個人練習が大切なのである。そのシナリオ演出と自己努力の領域は、スクリーンには出てこないとても地味な裏方の領域だ。

先ほどのストーリーは挫折や失敗で這い上がるための勇気づけと説明したが、シナリオというのは、そうした逆境の際に、吐く台詞だったり、演じる身振りだったり、心の持ち方に当たるものである。

そのためにも、スクリーンには出てこない誰も見てないときの努力や、人に言わないけれど胸のうちに秘めている己だけの信念を大切にするべきである。

カリスマリーダー後のＶＳＳマネジメント

カリスマリーダーの後任者というのは、一般的に、さまざまなプレッシャーを受ける。例えば、カリスマ社長の二代目、カリスマ首相の後継者、カリスマキャプテンの後任者。どの分野においても強烈なカリスマリーダーの後を引き継いだリーダーというのはさまざまな障害を乗り越えていかなければならないものである。

そんなケースほど、ＶＳＳマネジメントが役に立つ。なぜなら、ビジョンに向かっていても、障害や苦境ばかりが起こり得るからだ。

私は２００６年に早稲田大学ラグビー蹴球部の監督を引き受けたのだが、前任の清宮監督があまりに強烈なカリスマリーダーだったゆえ、自己のスタイルの発揮という点で貴重な経験をすることができた。

私が、監督就任から自分のスタイルを確立し、ブレずにそのスタイルを発揮できたのは、ＶＳＳマネジメントを行っていたからである。

監督就任当初は、大げさでなく、部員からの信頼は全くなかった。なぜなら、前監督は、それまで10年近く低迷していた早稲田ラグビーを1年で引き上げ、5年間のうち3回の優勝と2回の準優勝という輝かしい結果を残した名将である。

それに引き換え私の場合、監督就任直前まで東京大手町のオフィス街で働くビジネスマン、ラグビー指導経験ゼロ、ラグビー選手としての実績も乏しく、身なりや風格もカリスマからはほど遠かった。

まず、私が掲げたビジョンは「学生の主体性を尊重し、共に考え、共に戦うチーム」である。そのビジョンは、完璧なトップダウン方式で「常勝ワセダラグビー」を築き上げた清宮前監督の指導方針とは対極にあった。

基本的に、カリスマ後の後任者が受けるプレッシャーは、前任者との比較である。前任者はカリスマ性を前面に出したスタイルで結果を出しているため、組織の中では往々にして、前任者のスタイルが「絶対善」になりがちである。指導を受ける学生側に指導者との出会いに関する経験値が少なければ、目の前の成功者（＝前任者）の手法やスタイルが、唯一正しいものに見えるのは、仕方のないことである。

そのため、後任者の手法やスタイルが、どんなに素晴らしく、その人にぴったり合ったものだとしても、最初は必ず否定されるものである。

そのようなカリスマリーダー後の前提と仮説を十分に把握していれば、最初から後任監督が選手からの信頼を勝ち取って、うまくチーム運営することなどをストーリーに組み込むことは決してない。

私の場合、学生やスタッフ、OB、ファン、メディアから、相当な批判を浴びながらシーズンを過ごしていくことなどは、残念ながら、ある程度は最初からストーリーに組み込まれていた。

そのため、ストーリーの前半はほぼ右下がり。抑揚というより、「抑」ばかりのストーリーを描いていた。しかし、シーズン終盤、ある出来事をきっかけに、劇的にビジョンに近づくという展開を期待していた。その出来事の時点で、どういう台詞を吐き、どういう態度を取るべきかを、シナリオにイメージしていた。

そのときのエピソードを紹介したい。

監督に就任した1年目、シーズンも残すところあと1ヶ月という終盤に差し掛かったある週末、部内である事件が起こった。

夕方の練習を終えて、私がいつもどおり車で帰ろうとしているところに、部員の一人が、車に向かって「中竹、死ねー！　辞めろー！」と大声で叫んだというのだ。

実際にその雄叫びを聞いた部員やコーチスタッフは多かったのだが、たまたま私はその瞬間には車に乗り込んでいたため、その罵声に全く気がつかなかった。

一瞬にして部内では混乱が広がったそうだ。チームの代表である監督に反逆したような態度をとった部員は、原則、退部か休部である。それが早稲田大学ラグビー蹴球部の暗黙の掟となっていた。

私は、やっとチャンスが来たな、と感じた。

この事件で、逆にチームがまとまる、そんなストーリーを描いていた。そして、そのストーリーに合った最高のシナリオを作った。

学生からすれば「正直、中竹監督は頼りない監督だけど、一世代違う若者から罵声を浴びせられたのは、さすがにかわいそうだなあ」という同情みたいな感情はあったにちがいない。

そんな雰囲気の中、ここでどんな態度をとるか、それで私の真価が問われる。そう思うと、その学生に対する個人的な怒りや悲しみはすっ飛んでいった。心地良い緊張の中、とてもワクワクした気持ちになった。

そして、週が明けた翌々日、私は、監督に就任してからそれまでで最も胸を張って練習場に向かった。

その日に、彼を会議室に呼ぶと、びっくりするくらいのふてぶてしい態度で入ってきた。

胸を大きく張り、腕組みをして、このまま殴りかかってくるつもりではと思うほど、気が立っている様子だった。

彼は会議室に入ってくるなり、開口一番こう言った。

「オレはやめる覚悟できました、みんなの意見を代弁します」

そうして、私に対するあらゆる不満を述べ続けた。例えば、選手たちの練習や試合でのパフォーマンスを見ないで、単なる個人的な好き嫌いでメンバー選考を行っていること。寒い日や雨の日になると、試合を見ないで、すぐに監督部屋に戻ってしまうなど、いくつかの細かい事例を挙げた。

私はこんなチャンスはもう二度とないと思い、とにかく学生の中で広がっている不満を全て聞き出してやろうと必死だった。

まだ、あるか？　もう、ないか？　という質問に追われるように、彼は言いたいことを全て言ったようだった。そして、最後に私は尋ねた。

「よく分かった。では、一つ聞きたい。今の話は全てお前自身が、直接、見たことなのか？」

すると、彼の表情が変わった。なぜなら、彼の言葉は全部、人伝えの噂だったからだ。

組織に不満を持った人間がいる場合、往々にして、リーダーの理不尽さや失敗は雪だるま方式で大きくなっていく。声高らかに、リーダーの悪い噂を立てれば、その噂は徐々に大きくなって広がっていく。そして面白いことに最終的にあたかも事実のような形で元の場所に戻っていく。

例えば、ある人間が「あいつは、あんなことしたらしいよ」という噂を流せば、それがいろんな人間にわたる間に「あいつは、あんなことしたんだよ」というあたかも断定的な事実となって動いていく。そして、再度、噂を最初に流した張本人のところに話が戻ってくれば、「ああ、やっぱり、噂じゃあなく、本当だったんだ、あいつはひどいな」という展開になる。これが、噂が間違った事実となる瞬間だ。

相手は本来純粋な学生だ。最初から悪意があったわけではない。この噂の論理をある程度、理解できていれば、感情に揺さぶられることもない。この場面での私のシナリオには「しょうがない、しょうがない。学生にしたら、一生懸命がんばっている証拠だ。ただ、ちょっとしたボタンの掛け違いで、組織になじめなくなってしまったんだ」という反発分子の学生の心情が書かれていた。

だからこそ、穏やかに、少し微笑みながら次の台詞を吐いた。

「びっくりするかもしれないが、オレは、お前が見ていないと言った練習や試合は全部見ているよ。そして、すごくはっきり覚えている」

私は冷静に、かつ、胸を張って堂々と、その試合の展開やそのときの選手のプレイについて、細かく説明した。

彼の目は既に泳いでいた。

更に続けて「それだけでなく、最近のお前のプレイから練習中の態度まで全て鮮明に覚えている。なぜなら、お前のことがすごく気になってしょうがなかったから。なんて声をかけようか、ずっと考えていたんだよ」。

気が付くと、彼は泣きじゃくっていた。そして、私は言った。

「オレは、先週の全体ミーティングのときに、何か不満や意見があるなら、直接言ってきてくれとお願いしたよな。一対一で話を聞くから、と。それなのに、お前は陰口を叩いたり、ゆがんだ形で反抗的な態度を取った。そんなお前は男らしくない。オレは、監督に反抗したという部員と監督の問題ではなく、その男らしくない態度をとったという事実が、男同士として許せない」

彼とは、その後ゆっくりといろんな話をした。高校時代の話や家族の話、決まっていた就職の話まで。

会議室に入って2時間後には、二人の間の誤解は解け、ストーリー通りの信頼の絆が生まれていた。

「では、これからのお前に何ができる？」

彼は即座に、私に対して、彼と同じように思っている部員の誤解を解くと約束してくれた。

「それならば、お前は、退部や休部にする必要はないな。明日から練習だ」

私は、心配している他のコーチ陣にも、その旨を伝えた。

翌日、彼はこの一件について、部員全員の前で謝罪した。

結果としてこの事件をきっかけに、部内の雰囲気は良い方向に進んだ。


この一件は、まさしく、ＶＳＳマネジメントを行うことによって、逆境をチャンスと見立て、最高のイメージを持って学生との対話に挑戦し、お互いの信頼関係を作るビジョンを実現することができた例といえる。

実際の罵倒された瞬間の状況だけを切り取れば、リーダーにしてみれば最悪な場面である。

そのため、反逆した学生を即座に切り捨てたり、厳しく叱ったりすることは、ある意味、簡単であり、他から賛同を得やすい。なぜなら、組織の暗黙の掟になんとなく当てはまるからである。また、リーダーとしてのプライドや立場、権力から見れば、黙って許した方が、批判を受けやすい。

しかし、こうした状況でこそ、いわゆる「引力」に負けずに、自分のスタイルにこだわれるかが問われると思う。

私は、普段から学生に「意見があればいつでも、何でも聞く」とコミュニケーションの機会をオープンにしていた。また、学生を怒るより、我慢して自発的な行動を待つといった姿勢がスタイルの一つであった。

だからこそ、この件が起きたときに「ストーリー通り、チャンスが来た」と思えた。そして、シナリオどおり演じることができた。

どんな出来事でも、それを単なる点でなく、線（＝ライン）として捉えることができれば、どんな壁にでも勇気を持って立ち向かうことができるはずだ。

スタイル確立の罠

スタイルを作り上げる際の鉄則を整理したので、次はそのプロセスで起こりがちな失敗を挙げてみたいと思う。

罠1 「スタイルがないのがスタイル」は×

「特徴のないのが特徴」といった言葉遊びのような表現があるが、「スタイルがないのが私のスタイルである」というのは単なる言い訳に過ぎない。なぜなら、スタイルの基準はあるかないかで決定されるので「スタイルがない」という時点でアウトだからだ。

確かに最初は誰しも自分のスタイルを見つけるのには苦労する。自分しかできないことや自分だからできることを探そうとしても、なかなか見つからないものである。しかし、だからといって「スタイルがない」ということは誰にもあり得ない。問題なのは自分で自分のスタイルを認識できていないだけである。

罠❷ スキルが全くなければスタイルなし

スキルは点であるため、点だけを盲目的に集めてもスタイルにはならないが、だからといってスキルが一切なければスタイルは確立されようがない。濃い線を描くためには、濃い点が必要である。そのために、まずは点を作ることから始めた方が良い。特に、新しいステージに行った場合はスタイルを悩むよりは、とにかく点＝スキルを身につけ磨くことに専念した方が効率的かもしれない。新しいステージとは、例えば、学生からの就職、別の業種へ転職、リタイア後のセカンドライフへの挑戦などである。

先ほどまで、スキルばかり盲目的に集めてもダメだ、という論旨を展開したが、だからといって基礎となるスキルが全くなければ話にならない。スタイル構築で悩んで足を止めているくらいなら、どんどん点を身につけていった方が、自分のスタイルの幅を広げるチャンスが生まれる。

罠❸ 安易なオンリーワン思考

スタイルはナンバーワンを目指すのではなく、オンリーワンを目指すと説明してきたが、だからといって安易なオンリーワン思考は非常に危険である。自分のスタイルをキャッチフレーズで表現した場合、その表現が全く適していなければ、それはオンリーワンとはいえない。

例えば、私が自分自身のことを「常に狂気に満ちた最強のカリスマリーダー」と名乗った際に、その説明では誰も私をイメージできなかったとしよう。その場合、そのスタイルの表現はオンリーワンとはなり得ない。

スマップの歌に「ナンバーワンにならなくてもいい、もともと特別なオンリーワン」というフレーズがあるが、それはとても共感できる。まさしくスタイル論の考え方に近い。しかし、だからといって、その人自身とその表現されたスタイルが、一致していなければ全く意味がない。

「こだわり」や「その人らしさ」が滲み出て初めて、オンリーワンのスタイルになるのである。もし、キャッチフレーズをつけるならば、オンリーワン選手権で優勝するつもりで自分の表現方法を探すと良いだろう。要するに、オンリーワンを追求することにおけるナンバーワンを目指すことである。

罠4　無謀な夢

何事も諦めるな。できないことなんて、何もない。大きな夢を持ち、それに向かってがんばれ。

世間ではよく聞く話だ。確かに、若いうちは自分の可能性に限界を決めず、何事にもチャレンジすることが大切である。しかし、語弊があるかもしれないが、私は指導している学生に対しても「無謀な夢は持つな」と常々言っている。きちんと冷静に自己分析をして、自分がどれくらいの器なのかを測れ、と。二流選手は二流選手らしく、三流選手は三流選手らしく。一流選手だけが、一流選手を目指すことができるのだ、と。

大学生であっても例えば上級生になれば、卒業までの時間は折り返し地点を過ぎており、努力できる期間も限られている。にもかかわらず、自分の弱点を全て克服したい、新たな武器を作りたい、憧れの●●選手のような完璧な理想像を描きたいと、主張する者がいる。確かに、夢や希望は偉大な方がいいのだが、これまで生きてきた中で、自分の格付けはどれくらいか、また、大まかな成長プロセスはどれくらいか、は把握できるはずである。

もちろん、理想は大切であるが、現実に残されている時間と、自分のスタイルとを照らし合わせて、身の丈に応じた目標を決めなければ、スタイルはいつまで経ってもできあがらない。

罠5　情報過多での混乱

現代社会の進化に伴い、多彩多様な情報が溢れ出ている。そのため、何か一つのテーマであっても、さまざまな理論や解釈が存在し、何が正しくて何が適しているかを見極めることが非常に難しくなっている。

例えば、ゴルフを上達させたい、と思っている人がいたとする。彼は、まず、同僚が勧めるゴルフの本を買ってみた。なんとなくフォームの大切さが分かったので、次の週にはその本で紹介されていたＤＶＤを買って、ビジュアル（視覚）で勉強を始めた。次に、練習場に行ってワンデーレッスン（一日指導）を受けてみることにした。しかし、そのＡコーチに教わったことが先日買ったＤＶＤで紹介されていたことと少し違っていた。なんとなく迷いが出てきたので、再び書店に行った。すると、Ａコーチが言っていたような考え方のゴルフ教本が置いてあった。思わず、これだと思って買い、再び、ワンデーレッスン（一日指導）へ。しかし、残念ながら前回のＡコーチに付いてもらえず、別のＢコーチが指導をしてくれることに。すると、そのＢコーチは、先日買った本やＤＶＤ、前回のコーチとも違った打法で彼を指導することに。何が正しいか分からなくなった彼は、思わず「みなさん、おっしゃることが違うのですが、私はどのやり方でゴルフを上達させればよろしいのでしょうか」と漏らした。すると、その新しいコーチは「私が、前回あなたに付いたAコーチの師匠なので、私のやり方を学べばよいでしょう」と。

しかし、翌週、Aコーチに会ってその話をすると「確かに、Bコーチは私の師匠ですけど、彼の理論は少し古いので、あなたには適していません。私の最先端のゴルフ指導理論の方が断然早く伸びますよ」と。

このように、本やDVDに限らず、たくさんの媒体、複数の専門家に会えば会うほど、何が正しいかが見えなくなることが少なくない。それぞれが単発であれば正しいと理解できる情報はいくらでも入手することはできるのだが、結局、自分にとって適した情報をどう手に入れるかがとても難しいのが現実である。

そうした事態に対応するために必要なものは、本当の「知＝インテリジェンス」である。私は、知とは、迷いをなくすための道具だと定義付けている。A君に役立つ情報と、B君に役立つ情報が異なるように、世の中に溢れ出ている情報はそれが的を射ていても、必ずしも必要なものではない。自分を迷わせる情報であれば、それは削除していくべきだ。逆に、勇気を与えてくれる情報はスタイルを築くための道具である。

スタイルの強み

スタイル確立の鉄則と罠を紹介したのだが、ここからはスタイルを持つことの強みを示したいと思う。

スタイルとは、逆境でこそ力を発揮する

人間は、いくら素晴らしい能力をたくさん身に付けたとしても、土壇場で発揮できる能力は数少ない。例えば、ラグビーというスポーツでは、ボールを持った選手は、基本的に三つの選択肢を得られる。一つはボールを味方にパスする、二つめはボールをキックする、三つ目はボールを持って走る。パスも、キックも、ランニングもどれも全て得意な選手であっても、その場面では一つのオプションしか選択することができない。結局は、使う場面がないまま封印せざるを得ないスキルや能力というのは、仕事やスポーツをやっている人にとって多いだろう。練習ではたくさんやっているのだが、まだ一度も本番で使ったこ

とのない能力。これらは、残念ながら、能力を持っていないことと等しい。

人間が逆境や追い込まれた場合に対応する行動パターンは、ほぼ似ているようだ。弱気になって怖じ気づくのか、妙に冷静に対処するのか、明るく前向きに開き直るのか、または、無意味に逆ギレするのか。

スタイルを強く持てば持つほど、それは逆境で大いに力を発揮する。結局、人は逆境でこそ真価が問われる。普段、どんなに偉い人も、どんなに馬鹿にされている人も、苦しい場面に追い込まれたときの態度がその人のスタイルであり、器である。

スタイルを持つと新しいチャレンジができる

スタイルを確立すると、困ったときに立ち戻る場所ができる。そのため一つのスタイルを築いた人間には進化が期待できるのである。それは、既に持っているスタイルを軸に、新しいチャレンジができるからである。

今までやったことのない領域のこと、仕事におけるプロジェクト、または人との接し方において、新しいスタイルを発見するためにチャレンジするときがあるだろう。そんなとき、既にスタイルを構築している人とそうでない人の間には大きな差がある。それは、失敗したときや行き詰ったときに、立ち戻れるところ、芯の部分があるかないかだ。

また、最初のうちはワクワクしながら新しいものにチャレンジしていても、結果がすぐに出なかったり、うまくいかない時期が続くと、誰しも迷ってしまうだろう。その際に、自分らしさを見つめ直すよりどころとなるのはスタイルしかない。

勇気を持ってチャレンジするためにも、自分自身のオアシスとなるスタイルは必要だ。

だから、自分を変えたいと思っている人ほど、まずはベースとなるスタイルを築くべきだと思う。

スタイルの共有

個のスタイルが確立され、それが組織全体に浸透すれば、スタイルの共有が可能となる。そうなれば、組織内に無言のコミュニケーション＝暗黙知が成立する。そうなれば必ず組織力がアップする。

強い組織とは、仲間同士が、それぞれのスタイルを理解している組織だ。

私の指導の下、早稲田大学ラグビー蹴球部にも、自分のスタイルを強烈に持てるようになり、最終的にレギュラーとなった選手がいた。

そのA選手は、背番号8でナンバーエイトという一般的には花形ポジションであるにもかかわらず、体格的にも運動能力（いわゆるスポーツセンス）でも、かなり低いレベルであった。

例えば、ボールを取るのは苦手でぎこちなく、よく落とす。

また、味方のサポートをするために走ってはいるものの、勝手に躓いて一人で転んでしまいサポートに遅れることもしばしばしば。

当然、そのような彼は、4年生になるまでは公式戦の経験も乏しかった。

しかし、最終学年では、シーズン中の全試合に出場し、不動のレギュラーとなった。

それはなぜか。

A選手には強烈な武器があったからだ。それは、強烈なタックルだった。ラグビーにおけるタックルとは、敵の突進を防ぐための守備側に許された唯一の方法である。A選手のタックルはすさまじかった。どんな巨漢にも襲い掛かり、ひるまずに頭から向かっていく。勇気のある男だった。

大げさに表現すると、チームが攻撃しているときは、仲間の邪魔をせず、静かにグラウンドに伏せている。だから、ボールなんて触ることはほとんどない。一方で、チームが守備に回った途端、仮面ライダーのように現れて敵に強烈なタックルを見舞い、ピンチを救う。決して格好は良くないが、ピンチのときに頼りになる選手だった。それが彼のスタイルだった。

その彼のスタイルは、チームメイトたちもよく理解していた。

「A選手に、ボールをパスすると必ず落とす」と、みんな分かっていた。

だから、チームメイトは、A選手が自分のサポートに来ても、あえてボールをパスしなかった。

しかし、敵のチームは、そんな事情を理解しているわけではないので、通常通り、A選手のマークをする。

そうするとうまい具合にダミーになるわけで、敵のマークを一人つぶすことができる。チームメイトはみんな理解しているので、「あうん」のうちにサインプレイが成り立つのだ。

逆に、守備に回った場合、どんなに大きな相手が来てもA選手ならば、一発のタックルで倒すことができるという暗黙知がある。

普段なら二人がかりでマークしてタックルしなければならないような敵のエースがボールを持ってきても、そこにA選手がいれば、一人で十分だった。

すると味方は次の選手へのマークを意識することができた。

このように、一人のスタイルを通じてサインプレイを成立させることができるのだ。繰り返しになるが、スタイルには良し悪しというのは関係なく、格好悪かろうが、とにかく強烈に持つことが最大の武器である。

個のスタイルが組織の中で浸透すれば、暗黙のうちにコミュニケーションが図られ、パフォーマンスを向上させることができるのである。

個のスタイルから組織のスタイルへ

チーム内でスタイルを共有することのメリットを述べたが、さらに話を進めると組織においてメンバーの全てがそれぞれのスタイルを共有できると、自ずと組織のスタイルが明確になってくる。それはどんな逆境に立たされても、立ち戻る場所を知っている組織。例えば、原価高騰に伴い大幅な赤字が続き経営難に陥ったとしても、不慮の事故や不祥事が起き組織が混乱しても、組織のスタイルが強くあれば必ず復活することができるだろう。

世間を見渡しても、安定した企業ほど、スタイルを強く持っているように思える。自動車という枠を超えて、今や世界のトップ企業となったトヨタ自動車であったり、ソニー、NEC、パナソニックなど国内外で活躍している企業にはそれぞれのスタイルが見える。

もちろん、現在に至るまでにさまざまな苦境を乗り越えてきたのだろうが、その原動力となっていたのはそれぞれの芯、スタイルだったのではないだろうか。そして、本当の強さの証は、変わらない芯の部分をベースに、時代の変化と共に進化し続けている部分を両方備えていることだと思う。

スポーツ界では、往々にして、チームのスタイル同士の戦いが人々を魅了する。ラグビー界ではヨコの早稲田とタテの明治、アップアンドアンダーの慶應、自由な発想の同志社などなど。

リーダーがスタイルを持ち、フォロワー全てがそれぞれのスタイルを持つことで、組織のスタイルが確立されたとき、チーム力が上がると同時に、個のスタイルがより強固になる。

第4章

リーダーのためのフォロワーシップ論

フォロワーをいかに育てるか

いよいよ、ここからが本書のメインテーマであるフォロワーシップである。リーダーのためのフォロワーシップ論だ。

繰り返しになるが、この章はリーダーのための知見ではあるが、リーダー自身のリーダーシップスキルだけを磨くことではない。それ以上に、フォロワーの立場になりきり、そのフォロワー自身が成長することを主眼において議論を進めていく。

そのため、心構えとして本気でフォロワーを育てよう、いや、本気で育ってもらいたいという気がなければフォロワーシップを発揮することはできない。

誰しも、自分自身のリーダーシップについては精一杯努力をしたり、労を惜しまず壁に立ち向かうだろうが、自分のこと以上に、他人の成長を最優先させて行動するのは正直、難しく、とても面倒くさい。

もちろん、他人のために自分を犠牲にすることを好む方もいるかもしれないが、現実的にそう多くはないだろう。

企業におけるリーダーのフォロワーシップとは、自分の成果も上げつつ、部下の育成を優先させるスタンスといえる。

スポーツの指導者であれば、目の前の勝利と将来の育成を同時に求められるのと同じだ。

本章では、現場で自己成果と育成指導に奮闘されている方々を念頭において、フォロワーシップの基本的な考え方と取り組みを紹介したい。

理想のフォロワー像を描く

最近企業の間でも、部下に求められる能力として、組織に対して正しく「批判する力」や適切に「貢献する力」が挙げられる。確かに、フォロワーに求められる能力を種々の言葉に集約すると分かりやすいのだが、これはスキル論に偏りがちになるので、あえてまず大きな視点で考えてみたいと思う。

理想のフォロワー像を描く最初のステップとして、自分がこれまで接してきた素晴らしいフォロワーを思い浮かべると良いだろう。

例えば、家庭での献身的な母親の姿だったり、大学のサークル活動における後輩のフットワークの軽さだったり、会社での雑用を惜しまずやる派遣社員の方だったり、見本としたいフォロワーは実は日常生活の中に溢れている。

そうした思い浮かぶ理想的なフォロワーの姿を、具体的に言語化するというスキルはリーダーとして非常に重要である。

リーダーの口からフォロワー自身がその理想の姿を聞いた後、フォロワーがそのイメージどおりにアクションを起こせるくらい明瞭で伝わりやすいものでなければならない。

部下に主体性を持たせる

部下を育成するにあたり、彼らの主体性の向上について、頭を悩ませている上司は少なくないだろう。

そこで私がよく使っているリーダーを支えるフォロワーの主体性の例について、理想像を紹介したい。

ヨットというスポーツ競技を思い出してほしい。ヨット競技でチームの中心となる人物はスキッパーと呼ばれる艇長である。競争相手のスピードと進路を計算しながら、風と潮の流れを読み、艇を最善のルートに導く役である。天才的なスキッパーであれば、凡人では理解できないような直感とセンスでチームを引っ張る。その際の理想的なフォロワーの姿は、スキッパーの指示を素早く理解し、正確なマシンとなって働くことである。

組織の中に天才的スキッパーがいるのなら、それで何も問題はないが、実際はそのような超非凡なリーダーが組織にいるケースは少ない。

強い風が吹き、潮が荒れている中でのレーススタート。そこで、リーダーは考える。主体性のあるフォロワーはリーダーが決断を下すまで、ただ待っているだけではない。リーダーが考えている間、フォロワーはリーダーが考えるように自分たちも考える。この強風と潮の流れだとリーダーはA、B、Cの三つの選択肢のうち恐らくBを選ぶだろうと推測し、指示が出る前にBの準備をしておく。そこでリーダーがBと言った瞬間に「やっぱり、Bだ！」と確認をして実行する。

これが理想的な主体性を持ったフォロワーの姿だ。

全員がリーダーと同じ気持ちでいること。与えられたり指示されたりするのを待つのではない。最終的に決断を下すのはリーダーだけれど、常にフォロワーもリーダーと同じように主体性を持って考える。これは私の理想とする組織でもある。

最悪なフォロワー像

理想的なフォロワー像を描くことができたら、次に対極視点法を使って、最悪なフォロワー像を描いてみよう。過去に実際に接触した嫌なタイプのフォロワーを思い出してもいいし、他人から見聞きした経験でも良い。もちろん、テレビドラマや映画から引っ張ってきても構わない。

万が一、部下が成長しなくても、最低限こんな言動は避けてもらいたいという限界点を明確にしておくことは重要である。「日経プラスワン」の調査の結果を参考に挙げた。

これらの回答に対して、同感するかしないかは別として、最近の若者の言動を実によく示している。とても興味深い結果である。

ダメな上司のように一言で表現するのは難しいが、これらに共通して言えることは、自己中心的であり、自分本位であること。

世代の違う人間からすると、他人に対する配慮が欠如していると感じるだろう。

しかし、当の本人たちは、自分たち若い世代の多くが同じ感覚で過ごしてきたため、会社に就職するなど社会に出るまでは、自分たちが相手に対する配慮が欠如しているとは気づかない。

▶困らされたり、腹が立った新人

1. あいさつがきちんとできない ……519
2. メモを取らず、同じ事を何度も聞く ……432
3. 敬語が使えない ……409
4. 雑用を率先してやろうとしない ……300
5. ホウレンソウ(報告・連絡・相談)ができない ……297
6. 同じ間違いを繰り返す ……282
7. 返事ができない ……267
8. 自分のミスを謝らない ……257
9. 「指示待ち」で自分から積極的に動こうとしない ……220
10. プライドが高く、知ったかぶり ……219
11. 忙しい先輩に「手伝いますか」の言葉もなく帰るなど、協調性がない ……204
12. 仕事中の私語が多すぎる ……189
13. 注意すると「逆ギレ」する ……160
14. 仕事の優先順位がつけられずパニックになる ……156
15. 好き嫌いで物事を判断し、露骨に態度に表す ……144

日経プラスワン(2008年3/1付)
全国の30 ～ 59歳の会社員、公務員の男女にアンケート調査した結果。有効回答は1030人。複数回答あり。

ゆとり教育の中で、まずは自分のことをしっかり考えなさいと言われ続けてきた結果、言動が自己中心的になったのは、むしろ優等生の証かもしれない。

しかし、異なる世代がオーバーラップする企業組織や現実社会からすれば、彼らの言動はどうも違和感があり、これから同じ仲間として仕事を行っていくにはリスクがあると感じてしまう。

特に、直接、顧客とコミュニケーションを密にとる営業のような仕事を任せるのは、非常に勇気がいる。また、自分本位で育ってきた若い世代が将来、リーダーとなり、もっと若い世代を指導する立場になるころを想像した場合、一抹の不安も覚える。

そんな悩みが今、企業や社会の中で蔓延している。

しかし、何事にも理由がある。課題には必ず原因があり、原因が見つかれば、対策が見えてくるはずだ。

では、なぜ、ゆとり教育を受けた若い世代は他人に対する配慮がなくなってきたのか。リーダーたちはその理由を多面的な視点から考えていかなければならない。

マニュアル化による自主性逓減

人間の組織というものは、正常であればあるほど、知識やノウハウを蓄積し、組織に対するリスク要因をできる限り減らしていくものである。それがいわゆる、組織叡智と呼ばれるものだ。

例えば、ある村で老人が毒キノコを食べて病気になった。すると、村人はその老人が食べたキノコは危険だと分かる。いくら美しいキノコでも、次から食べないように村中の人々に注意を促す。また、ある人はフグを食べてしまい病気になった。しかし、別の人は毒抜きをすればフグをおいしく食べられた。同じものでも何らかの手を施せば、危険なものが、安全でおいしいものに変わる。このように人類というものは、たくさんの人々が犠牲を払って、現世に知恵を残してくれているのだ。

企業文化も同じである。

どのようなサービスをすれば、顧客は満足を得てくれるか。一方で、どのような接客をすればクレームがくるのか。さらに、どのような工程で作業を進めれば、欠陥のない完璧な商品が効率良くできあがるか。

そのような課題について、過去の全ての失敗事例、成功事例から、一つひとつ丁寧に整理したのが、いわゆる業務マニュアルである。

その種の先駆けの一つが某ハンバーガーショップのサービスマニュアルだ。世界中どこの店でも、快適なサービスを受け、おいしいハンバーガーを食べることができる。

客が店に入ってから「いらっしゃいませ」のタイミング、注文のときの質問・確認事項、受け渡しの際の声掛け、メニューのバリエーション、注文した商品の質、客が出て行くときの「ありがとうございました」のタイミング。その他、従業員の服装から、シフトのローテーション、店内の掃除のタイミングまで、マニュアルが指導してくれる。

サービスマニュアルがあれば、どんな国のどんな文化的な背景を持った従業員でさえも、短時間でスムーズに業務をこなせるようになる。

まさに、魔法のような指導本といってもいいだろう。

簡単に言えば、業務マニュアルというものは、ノウハウ（KNOW-HOW）を追求したものである。要するに、こうすればうまくいく、ということがメインに書かれている。もちろん、その通りに実行できればいいのだが、必ずしも、作業現場はそうはいかない。だから、優れたマニュアルには非常時・緊急時の対応策も完璧に示されている。

また、ノウハウという知見は、できる限りあいまいな表現を少なくすることに力が注がれる。業務マニュアルであれば、誰がいつ読んでも共通に理解されるように作られる。

例えば「顧客への挨拶は心を込めて行う」という項目があるとする。では、心を込めてとはどういう態度か。これは、人によって解釈が異なる。

声のトーンなのか、声の大きさなのか、言葉遣いなのか、お辞儀の角度なのか、タイミングなのか、顔の表情なのか、目線なのか。また、年齢や性別によって、変えるべきなのか、統一するべきなのか。

単に「心を込めて挨拶」という点だけでも、気にしなければならない項目は挙げればきりがない。

すると、いつの間にか、経験知やそれを裏付ける心理学の視点から、それぞれの項目で最も適切な挨拶のパーツが決まっていく。お客が入り口のドアを通って三歩目のタイミング、お辞儀の角度は45度、両手は揃えておなか、笑顔になるように口角をあげるなど。それが、マニュアルの中に具体的に組み込まれる。

しかし、そのような素晴らしいマニュアルにも盲点がある。

ノウハウ（KNOW-HOW）は示されているものの、ノウホワイ（KNOW-WHY）が省略されるのだ。

そもそも、なぜこのようなサービスをするのか。なぜ、こうした接客をするのか。なぜ、こんな商品を売るのか。なぜ、制服が決まっているのか。なぜ、マニュアルがあるのか。

などなど、ものごとの原点がマニュアルからは省かれてしまう。

　すると、原点に立ち返って考えることがなくなる。もちろん、サービスだけを機械的に提供するロボットであれば、サービスに関する「なぜ？」を考える必要はない。

　しかし、働くのはロボットではなく人間である。以前は、組織の中で当然のように理解されていたことが、一定期間を越えると誰からも理解されなくなる。

　極論すると、時代が変化すれば、会社の中で、常識が非常識に、非常識が常識に変わる可能性だって十分にあり得る。さらに、その変化に気づかないこともしばしば起こるだろう。それは、原点に立ち戻るチャンスを奪われているからである。だから、本質を見失わない企業は業務マニュアルの見直しを頻繁に行っている。

　優れたマニュアルを駆使すれば、たいていの場合、失敗というリスクを回避できる。そのため、最近の多くの企業では、学生などのアルバイトや派遣社員の教育指導にコストをかけたくないため、マニュアル指導を中心に進める。

　すると、どんなに自己中心的な若い世代でも、見かけ上そこそこ失敗もなく、うまく仕事ができてしまう。お給料ももらえる。そんな印象を持って企業に入社している若い世代の社員も少なくないはずだ。

　だから悪気もなく、上司からの指摘に「そんなこと、指示されたメールに書いてありませんでした」「先輩からはそんなこと教えてもらっていません」という反応になってしまう。

仮に彼らの失敗に気づいても、突然バイトに来なくなる、逆ギレするといったリスクを考慮すれば、対人指導に手をつけず、マニュアルの一層強化を図るという対応をとることもあるだろう。

全ての企業がこの傾向に沿うとは思わないが、昨今の社会現象を引き起こしているのは、これまで善しとされ、かつ、多大な功績を生み出してきた我々の技術・知識の遺産の副産物の影響が大きい。

こうした傾向に対して、古い世代が自らの責任だともっと感じれば、目の前の驚くような言動をする若者に、怒りを露にするどころか、若者たちに対して申し訳なさを感ずるはずだ。

安心安全による自主性逓減

単なる企業のサービスマニュアルの話に留まらない。組織であれば、当然、リスクを少しでも排除していくのが進化の始まりだ。

それは、家庭教育も学校教育も同様である。

団塊ジュニアが親世代になるにつれ、自分たちが長年味わった受験戦争から子どもたちをなんとか回避させたい。高校受験、大学受験、就職試験と大競争の中で、常に蹴り落とされるかもしれないという不安な気持ちやリスクを背負ってきた自分たち団塊ジュニア世代の経験を、できれば自分の子どもたちには味わわせたくない。それが誰しも抱く本音だろう。もしかしたら、子どものためでなく、親としても、あんな状況に二度と身を置きたくないという願望が強いのかもしれない。

少子化の影響や団塊ジュニア世代の背景も重なり、最近では、安定的な子どもたちの将来のためと、子ども本人たちの認識がまだないうちに、特に都心では「お受験」のステージに立たされている。

表現が正しいかは別として、これも家庭における次世代（子ども）の人生に対するある種のリスク回避である。しかし、もしかしたら、そのリスク回避のプロセスの中で、息子や娘の個々の自主性を低下させてしまう要因があるかもしれない。ある種の緊張や不安を抱きながら、自分で道を選択し、自分で進むという人生の中で自主性を養う大切なプロセスを親が奪っているかもしれない。

企業にしろ、家庭にしろ、リーダーが考えるフォロワーシップでは、まず、こうした時代の流れの中で、仕方なく自主性を奪われてきたフォロワーたちが数多くいるということを、認識しておかなければならない。

部下の成長チャンスとリーダーの手助け

次のケースは、現代社会のマニュアル化やリスクヘッジが引き起こす現象ではなく、どこの組織でも起こり得る自主性向上におけるありがちな障害を紹介したい。想像してみてください。


営業部長のAさんと、入社3年目の営業マンBさんが、ある企業に勤めている。

これまでの営業部は、営業部長によるトップダウン方式で全ての営業活動を進めてきた。しかし、さまざまな問題が発生したため、従来のトップダウン方式からは逸脱を図り、今年は営業マンの自主性を重んじるという指針を打ち出した。

「営業マン、一人ひとりの自主性の向上」

営業マンが、自分で考えて、自分から行動し、自分で客を獲得し、自分で問題を解決する。

A部長の指導のもと、これまで燻っていた若手のBさんの営業成績は、心機一転、ぐんぐんと上がっていった。

しかし、その勢いは期の途中から停滞し、期末には年間ノルマも達成できるかどうか怪しい状況に陥っていた。

Bさんの性格は、まじめで明るく、普段から人当たりがいいと評判が良かった。

一方で、誰にでもありがちなことではあるが、Bさん自身が忙しさの限界を超えると、他人に対する対応がとても疎かになってしまう。そして、仕事自体が雑になる。

新しい方針でやる気もあり、初期からがんばりすぎたせいか、期の半ばから疲れが見え始め、先のような状態が続いていた。

繁忙期である期末、オフィスでのBさんの態度は、ギスギス度の最高潮にあった。

そんなときに、大口顧客のトップの担当役員から直々に電話がかかってきた。

この仕事が取れれば、Bさんのノルマは間違いなく達成。実は、それだけでなく、営業部全体のノルマも大幅達成という状況であった。

A部長は部下に、顧客とのメールのやりとりは自分にもCCで送るように指示していたため、Bさんとその顧客とのやりとりも全て把握していた。

Bさんは、繁忙期に差し掛かり残業が多く、寝不足だったのか、顧客に対するメールの返信が遅い。ずっと気になっていたときに、その担当役員から電話がかかってきたのである。

営業担当者であるBさんからのメールの返信がないので、大量納期を急ぐ客からすれば、あきらかにクレーム電話だった。

A部長は、Bさんの電話での対応を、どきどきしながら横で聞いていた。

この電話の対応を失敗すれば、失注まちがいなし。誰もがそう思っていた。

実は、A部長は、先日の重役会議で、営業部の成績低下をひどく指摘された。最初は、社長も副社長も、今期の営業部の新たな方針に賛同し、エールを送ってくれていたものの、期末が近づくにつれて、株主からのプレッシャーか、とにかく今期はノルマを達成しろという雰囲気になっていた。

Bさんが気だるそうに電話に出る。

「はいはい、分かっていますよ、急いでやっていますので。えー、こっちも、忙しいんですよー」

その対応を目の当たりにした瞬間、A部長の頭から今期営業部が掲げた「一人ひとりの自主性の向上」という目標は、一瞬のうちに吹き飛んだ。

最終的に、A部長は、Bさんの電話をその場で取りあげ、その担当役員に丁寧なお詫びと迅速で的確な対応を行い、なんとか受注することができた。その後、A部長はすぐにBさんを連れて、その担当役員以下迷惑をかけたお客に、直接、お詫びの挨拶をしに行った。A部長は、即刻、Bさんを厳しく指導した。Bさんに対する怒りと同時に、営業部の危機を救ったという安堵感に浸っていた。

これは、架空の話である。しかし、上司と部下の仕事のやりとりにおいて類似したケースは多いだろう。

このリーダーの行動をどのように解釈するか。それが重要である。

もちろん、Bさんの対応はふさわしくない。だから、A部長には、部下であるBさんをきちんと指導する責任がある。また、営業部として成績を上げ、社長や副社長からの信頼も維持しなければならない。

しかし、今期、営業部という組織を進化するために新たに掲げた「一人ひとりの自主性の向上」はどこへ行ったのか。営業マンが、自分で考えて、自分から行動し、自分で客を獲得し、自分で問題を解決する、という指針があるならば、営業マンに失敗させて学ばせることで、成長を促すことが第一理念に置かれるべきではないだろうか。

往々にして、そうした自主性を掲げた組織スローガンは、売り上げや利益といった別の目標に一瞬にして吹き飛ばされる。

リーダーが部下を手助けして失敗を回避する。例えば、あるリーダーはA部長のように「オレの助けにより危機を救った、良かった」という気分に浸る。また、あるリーダーは大事な場面で部下に良い見本を見せることができた、と満足。こうしたリーダーは少なくない。

一方で、売り上げや利益、経営者の期待といったいわゆる組織命題に言い訳をして、自ら立てたスローガンすら裏切ってしまったことさえ、忘れてしまう。もしくは、仕方ないと、勝手に思い込む。その場合、Bさんの失敗のチャンス、成長のきっかけを奪っているのにもかかわらず、A部長はある意味、自分は手柄を得たと感じているだろう。

しかし、長期的な視野に立ち、営業部という組織変革の観点から判断すると、A部長はBさんの今後の自主性の発揮のためにも、手助けをしてはならなかったのだ。組織として本気で部下の自主性を高めたいのであれば、部下の大きな失敗を歓迎するくらいの覚悟でやらなければならない。手助けをしてしまったために、Bさんの自主性の向上と営業マンとしての成長は遅れてしまった。

もちろん、これは極論である。特に、リーダー側からすれば本音ではなく、建前にあたる。言い訳もたくさんできる。

しかし、これを極論にしない考え方がフォロワーシップである。リーダーとしてフォロワーシップを発揮していくためには、このようなフォロワーの成長の機会を奪っているケースに早く気づかなければならない。

実はサポート体制がしっかりしている組織であればあるほど、また、きちんと成果を上げている組織であればあるほど、そのチーム内でのフォロワーの自主性向上の障害が多い可能性は高い。

フォロワーシップとは、企業論理やリスク回避というリーダーの視点ではなく、いかにすればフォロワーが育つかを前提に考えることである。

フォロワーの資質と目標に合った環境

これまで述べてきたように、実はリーダー視点だけで組織を作っていくと、メンバーが自分自身で行動し、決断し、責任をとるという環境はどんどん少なくなってしまう。

そのため、リーダーが考えるフォロワーシップで最も大切なのは、フォロワーが自走できる環境をいかに整えてあげるかである。

まず、大切なのは、フォロワーの目標設定である。組織やリーダーから与えられたクリアすべき課題の設定である。

例えば、あるグループにおける新入社員の今期目標は「業界基礎知識の習得」、入社3年目社員は「顧客とのコミュニケーションスキルの向上」、入社5年目社員は「グループ内リーダーシップの発揮」とした場合、当然であるが、それぞれに整えるべき環境は異なる。

フォロワーの自主性を向上させながら成長を望むならば、当然、リーダーはフォロワーが自由に使える時間を確保してあげたり、社内の顧客情報をできる限りオープンな形で提供したり、誰とでも自由なテーマでプロジェクトを立て実践できるような体制を整えたりすることが大切である。

そうした環境を与えることで、フォロワーが自主的に目標を達成してくれれば、リーダーとしてはハッピーで仕方ない。

しかし、現実はそう簡単にはいかない。

確かに、部下の自主性の向上は、フォロワーシップの大切な要素ではあるが、リーダーは部下の自主性を重んじるべきか、否かを、最初に見極めなければならない。そして、その結果に対し責任を背負っていかなければならない。

「部下の主体性の尊重」は、なんとなく聞こえがいいため、盲目的にフォロワーの自主性に任せてしまいがちだ。しかしそれはとても危険なことである。場合によっては、自主性が全く逆効果になることもある。

このグループの新入社員の場合であれば、目標である「業界基礎知識の習得」を達成するために、スパルタ指導のように徹底的に追い込んで、内部テストを毎日実施し、合格点をクリアできなかったら、更なる課題を提示するやり方でもよい。

また、入社3年目社員の目標のように「顧客とのコミュニケーションスキルの向上」であっても、彼らの自主性を無視して、飛び込み営業1000本ノックのように、ひたすら顧客との接点を拡大させ、修羅場や苦い経験を積ませる方法もある。

入社5年目社員の「グループ内リーダーシップの発揮」でも、本人の意思にかかわらず無理矢理、新規プロジェクトを立ち上げさせてリーダーをやらせたり、戦略会議の議事進行に抜擢したりといったやり方もある。

肝心なのは、目の前のフォロワーの意識レベルと能力レベルの正確な把握である。どう期待値を込めても、自主性に任せてもうまくいかないと思ったら、徹底的に管理するしかない。

自主性に任せても目標を達成できないのなら、自主性を排除して目標達成させるべきだ。ただし、組織の方針が「とにかく失敗も含めて自主性の発揮」という成長の定義にあてはまるならば、ひたすら管理を排除し、自主自律の空間と時間を提供するべきである。

要するに、組織の中で、リーダーとフォロワーはお互いに「目標」や「成長」という言葉の定義をすり合わせておかなければならない。その上で、自主性尊重か管理体制かの環境を決めていくべきである。

フォロワーのスタイル構築支援

リーダーがやるべきフォロワーシップの最も大きな命題は、フォロワー一人ひとりにスタイルを構築させることである。メンバー各人に対して理想のスタイルを、フォロワーと一緒になって時間をかけて作り上げていかなければならない。もちろん、リーダー自身がスタイルを強く持っておくことは大前提である。

極端にいえば、フォロワーになりきり、スタイルを模索してあげる。そのためにはフォロワーの心身に入り込むためのスキルも必要だ。ときにフォロワーの自己分析を手伝い短所に明るい光を当ててあげる。ときにフォロワーに押し寄せる引力を断ち切り、世の中の無駄なプレッシャーから解放してあげる。ときにフォロワーの焦りをぬぐい、勇気を与え、励ましてあげる。

フォロワーのスタイルの構築のために、場合によっては、リーダー側のメリットも無視しなければならない。

結局のところ、やや青臭く言えば、リーダーがフォロワーシップを発揮する際に、最も大切なのは、部下やメンバーに対する見返りを求めない愛である。

フォロワーシップの最終形

私がリーダーとして、常々、思い描いているフォロワーシップが発揮された理想の組織とは、次のような組織である。

リーダーである私を優秀なフォロワーががっちりと支え、徐々にフォロワーが自立していき、各人がリーダーを超越し、最終的に私が必要とされなくなってしまう組織。

元来怠け者である私は、突き詰めていくと何もやりたくないというのが本心だ。そのため、組織の中で、自分にしかできないことをゼロにしたいと思っている。

通常、リーダーはその組織の中でリーダーにしかできないことがあればあるほど、リーダーとしての威厳を発揮し、存在感を出すことができるだろう。リーダーのためのリーダーシップの観点から言えば、それこそがリーダーたる所以と断言できる。

しかし、リーダーのためのフォロワーシップという観点から言えば、リーダーにしかできないことをゼロにすることが、リーダーの最大の役割といえる。

だから、私はラグビー部の監督としては、選手やスタッフ、他のコーチ陣にどんどん任せ、委ねている。もちろん、彼らが失敗しても怒らない。というか、怒れない。

委ねた側の責任だからだ。もちろん、任せる勇気は必要だし、失敗しそうな学生をじっと我慢しながら見守ることも求められる。しかし、リーダーシップよりフォロワーシップを極めたい私には、そうするしかない。それが私のスタイルだからだ。

そのうち「中竹さん、もう要りませんよ」と言われたら本望である。

第5章

フォロワーシップの実践

フォロワー育成の中竹メソッド

リーダーが行うフォロワーシップの基本的な考え方は前章で確認したが、実際にそれを現場で行うことは難しい。そこで、本章では具体的なフォロワーシップを実践する際に重要な思考スキルと手法を紹介したい。

フォロワーとの個人面談

フォロワーをしっかり育てるために、フォロワー自身がスタイルを構築することがとても大切である。そのための一つの有効な手段として個人面談がある。

多くの企業でも、上司と部下の個人面談、または、パーソナルミーティングというものがあるが、実は、個人面談の効果的な手法はあまり体系化されていない。

そもそも、なぜ、個人面談が有効なのか。

この問いを考えることが大切である。そのためには、まず、個人面談の根本的な機能について考えなければならない。

他の複数で行うミーティングやコミュニケーションと異なる点は、物理的に当人同士だけで行うという点である。当たり前のことであるが、原則的にはその間に行われたやりとりが外に漏れることはない。秘密は守られるという前提がある。

その場合、人はどうなるか。

普段より本音を言う。普段より素直に対応する。普段より弱いところを見せる。それが自然の姿である。もちろん、それにはリーダー自身が普段よりも、素の姿でなければならないのは言わずもがなだ。

他人の目が気になるというのは社会において不思議なことではない。だからときに自分が考えている以上に、リーダーや組織に対して迎合したり、逆に反発したりといった振る舞いをしてしまうこともある。

特に、若い世代や儀礼の多い組織で育ってきた人は、いわゆる空気を読みすぎてしまい無駄な振る舞いになってしまうことも少なくない。

そうしたフォロワーこそ個人面談が有効である。なぜなら、素の姿、自然な気持ちが見えるからである。

誰しも、自分を取り巻く小社会がある。その中での個の振る舞いは自分の存在を守るために、とても大切なものだ。極端に言えば、小学生や保育園児などの子どもでも、小社会がある以上、周りの目というのは自然と気になるし、空気を読むことも求められる。

だからこそ、個人面談というのは、彼らが通常使わなければならない気や私の言ういわゆる「引力」から、一時的に切り離してあげられる貴重な空間と時間なのだ。

そして、個人面談を重ねることによって、少しずつ、外の顔と内の顔を近づけてあげることで、一貫性を引き出し、スタイルを築いてあげるのだ。

外の顔とは、小社会での姿や振る舞いで、普段仲間といるときの顔。内の顔とは、引力から自由になり、一切の気を使わず、素直な自分でいるときの顔である。この二つが近づくということは、誰が見ていようがいまいが、常に言動や態度が一致し、真の自分らしさが出てくることである。それがスタイルの確立の証だ。

早稲田大学ラグビー蹴球部の選手たちは、毎年数回、個人面談を行っている。その中で選手たちは少しずつ自分のスタイルを構築している。

もちろん、個人面談というものはその組織や実施するリーダーによってやり方はさまざまだ。そのため、監督に就任した初年度の選手との個人面談では、私が理想とする面談ができず、苦労した。

「僕の強みってなんですかねえ?」

「僕って、どうやったら、レギュラーになれますか？」
「僕、何か足りないですかね？」
これらは、私が監督初年度の春のオープン戦が終わったころ、実際の個人面談中に選手の口から出た質問だ。もちろん一人ではなく複数である。

聞くところによると、私の前任者である清宮氏は、選手からのプレゼンテーション機会などは設けず、清宮氏がズバリと本質的なアドバイスを与えていたそうだ。選手本人が気づかなかったような長所に光を当ててもらったり、隠していたつもりの短所を見抜かれていたりと、目から鱗といった感じの面談だったようだ。さすが、名監督である。

要するに、当時の彼らにとって、個人面談とは、監督からアドバイスをもらうことが大きな目的となっていた。

そのため、監督が私に代わっても、個人面談は選手にとってアドバイスをもらえる場として期待されていた。しかし、就任当初の私には本質を見抜く力もなければ、清宮氏のような神のお告げ的アドバイスもできない。

本来は、面談する側とされる側の共通理解がなければ、面談を実施する意味がない。

だからこそ、個人面談を行うには、まず、実施するリーダー側が面談を受けるフォロワー側に個人面談の目的と仕組みを明確にしておかなければならない。単なる一対一のコミユニケーションの場、儀式的な指導の場という位置づけでなく、個人面談の目的はシンプルかつ本質的であることが必要だ。

私が行う学生に対する面談の目的は、非常に単純で分かりやすい。個々のスタイルを確立し、チーム内でそのスタイルを発揮させることである。よって、面談での私の役割はその面談相手が発見したスタイルに磨きをかけ、これからの努力のプロセスに自信をつけてあげることである。

そして、その面談者本人のビジョンとストーリーとシナリオに対する構築支援をする。

そのためには当然であるが、面談を行うリーダー側は膨大な準備が必要となる。私自身が心がけていることは、面談の前に、必ずその対象者の過去の努力の結果を下調べする。例えば、ウェイト・トレーニングの数値であったり、メンバーボードの実績(1軍、2軍、3軍、4軍……)。試合毎に個々の選手のパフォーマンスの数と精度を評価したプレイ分析表というものに目を通す。また、それぞれのポジションコーチに聞いて、具体的な細かいポジションスキルの成長具合やメンタル面の強さ弱さなどをチェックする。

そしてその選手に合ったスタイルをイメージする。

例えば、2008年度、春シーズンの個人面談の課題は次の四つであった。毎年、4月から5月にかけてやるのだが、1週間ほど前に課題は提示した。

1. 昨年1年間の成果

2. 春シーズンで克服したいこと

3. 春シーズンで極めたいこと

4. 自分のスタイルについて

一人が監督との面談を行う時間は、10分から20分間。基本的には、前半は学生に提示した課題をプレゼンテーションさせる。

基本的に私が学生のプレゼンでチェックする事項は次のようなものである。

1. ポジティブ（前向き）で、未来志向であるか

2. 弱点克服に偏りすぎていないか

3. 周りの引力に負けていないか

4. スタイルがオンリーワンになっているか

5. スタイルを発揮する状況をイメージできているか

次に、それぞれのチェック項目に関してのポイントを紹介する。

ポジティブ（前向き）で未来志向であるか

ポジティブなプレゼンテーションをできない選手は、個人面談の目的を勘違いしていることが多い。私が行う個人面談はその本人の評価を下すための時間ではない。これから、本人がどのように努力して成長していくかのビジョンとストーリーを確認するための未来に向かった話し合いの場である。このことは常々説明をしている。

にもかかわらず、ネガティブなプレゼンテーションをする選手の多くは、それまでの過去の失敗や現時点での能力の低さに縛られ「今、自分は監督から、どんな評価を受けているのか」「自分は、信頼のある選手なのかどうか」を探りたがる。

面談の直前のシーズンが不調であったり、近況のパフォーマンスが悪ければ、リーダーとマンツーマンで面談というのはちょっと辛いかもしれない。

しかし、本来、面談というものはパフォーマンスが悪い選手にとって最高のプレゼンテーション機会なのだ。なぜ昨シーズン調子が悪かったのか、もしくは、なぜ最近プレイにキレや余裕がないのか、ということをきちんと分析できて理解していることを監督の私に説明できれば、面談としての評価は合格点である。

逆に、自分がどのような評価を受けているかに執着したり、過去の不調を単に言い訳しているようなネガティブな面談はやっていても面白くない。正直、私からすれば、それぞれの選手の現時点での能力や評価はどうでもよい。これからどうなりたいかというビジョンとそれを実現するまでのストーリーに興味があるからだ。

事実、プレゼンテーションがポジティブ（前向き）で、未来志向である選手は、半年後必ず成長している。

面談チェックポイント❷ 弱点克服に偏りすぎていないか

次にチェックするのは、弱点克服思考に偏りすぎていないかという点である。ひと言で成長といった場合、二つの考え方がある。

長所を伸ばすか、短所を克服するか。

どちらも重要なことであるが、私が行っている指導においては、短所の克服よりも、長所を磨くことに重点を置いている。

なぜなら、学生がスタイルを構築するには、まずは点（＝スキル）を作ることが大切だからである。自分にしかできないこと、自分だからできることを発見し、これならこだわりを持って貫ける！　というものを最低限一つは確立しなければならない。

その点を大きくし、スタイルとしての太いラインを作り上げることを支援するのが監督の役割だ。

大学生が選手で過ごせる時間は限られている。留年は別として、長くても4年間しかない。だからこそ、時間と費やす労力の計算が重要となる。

私の持論であるが、嫌いなことをがんばるには、好きなことの3倍のエネルギーが必要だ。なおかつ、不得意なことを成長させるためには、得意なことの3倍の時間がかかる。たいてい自信のない人ほど、自分の短所に目を向けすぎて、弱点克服思考に偏りがちだ。そうした人ほど、モチベーションが続かなかったり、成長に時間がかかったりと悪循環を繰り返し、なかなかビジョンにたどり着けない。

よくある例が、自分の苦手な部分を意識するあまり、その部分が得意なライバルの活躍に揺さぶられてしまうパターンだ。

■本来、ディフェンス（守備）が得意なA君の場合

A君：前回の試合でも、自分のパスのミス（失敗）でチームに迷惑をかけたので、この春シーズンはアタック（攻撃）でチームに貢献できるように、ボールのパススキルにこだわっていきたいと思います。今、レギュラーを競っているライバルたちは皆、パスがうま

いので、彼らに絶対に負けないようにパスを極めます。

こだわるスキルの種類は違うにしても、学生の中では、こうした苦手スキルの向上に全力を注ごうとする傾向は少なくない。まじめで不器用な選手ほど、陥りやすいパターンである。その場合は次のようなアドバイスを送る。

中竹：この春シーズンにいくらパスをうまくしようと全力でがんばっても、もともとパスが得意なライバルたちにパスのうまさで勝つことは至難の業だよ。たとえ、前回の試合で、お前のパスのミスで失点してしまいチームに迷惑をかけたからといって、お前のパススキルの上達は誰も望んでいない。

今、お前に求められているのは、最も得意なディフェンスをさらに強化することではないのか。パスのミスを上回るディフェンスの強化が必要だろう。お前のパスが少しうまくなるより、ディフェンスのスキルをさらに迫力のあるものにしてくれた方が、チームに勢いが出るんだ。

このように、ビジョンまでのストーリーの中に「強み」の更なる強化を組み込むことを、学生には勧めるようにしている。

面談チェックポイント❸

周りの引力に負けていないか

次にチェックする項目は、組織の命題や周囲の期待といった引力に揺さぶられていないかである。なんとなく「善」と思われている組織での文化に従うことで、無難な道を選ぶプレゼンテーションである。

例えば、チームの重点強化項目で挙げた課題を、安易に自分の重点強化項目やプレイのこだわりに当てはめる。なんとなく、面談のプレゼンテーションとしては聞こえはいいが、その本人のスタイルと全く一致していないケースがある。

このように組織目標や過去の慣習に揺さぶられてしまう具体的な面談の様子を紹介しよう。

■本来、アタック（攻撃）が得意なB君の場合

B君：まず、昨シーズンの成果としては、スピードを上げるトレーニングを集中的にやったため、足が速くなりました。その結果、2軍の練習試合でも、スピードを活かしたス

テップで敵をかわしトライも多く決めることができて、なんとなく自分の得意なプレイが分かってきたような気がします。

そこで、今年こそは、フランカー（背番号6）として1軍になりたいので、春シーズンのこだわりは、今シーズンのチームの重点強化項目であるディフェンス（守備）にしたいと思っています。また、ディフェンスの中でも、ワセダのフランカーが伝統的に大切にしている低く鋭いタックルを極めたいと思います。具体的には、昨シーズンのCさん（B君と同じポジションでレギュラーだった先輩）のような激しいタックルができるプレイヤーを目指します。

このB君のプレゼンテーションは、とてもポジティブで目指すビジョンも具体的であるため、面接としても合格点にしてしまいがちだ。

しかし、本人も認めているように、せっかく昨シーズンの努力で自分の得意なプレイが見えてきたのに、なんとか今すぐにレギュラーになりたいがために、自分の得意なプレイとは全く逆のチーム方針に安易に従ってしまうケースだ。

また、同時に、もう少しで確固たるスタイルを築けるチャンスが来ているのにもかかわらず、ワセダラグビーの伝統にも大きな影響を受け、自己のスタイル構築のタイミングを逃してしまう。
こうしたB君のような学生には次のようなアドバイスをする。

中竹：昨シーズンの成果はとても評価している。しかし、せっかく自分でも自覚しているようにスピードを活かした得意なステップがお前のスタイルの軸になりつつあるのに、自分のこだわりをチームのテーマであるディフェンスにするというのはもったいないよ。そもそも、お前はディフェンスよりアタックの方が得意なはずだ。今こそ、掴みつつある得意なステップを2軍だけでなく、1軍でも通用するさらに高いレベルに持っていくことにこだわった方がいいのではないか。
また、去年のレギュラーのC選手はワセダのフランカーとしての典型的なスタイルを持ったプレイヤーだったが、お前がそのスタイルを目指すというのはちょっと違う気がする。チーム目標やワセダの伝統に惑わされず、まずは、自分のスタイルを確立することに専念したほうがいい選手になる。

このように、純粋で比較的素直な学生が陥ってしまいそうなパターンこそ、リーダーがしっかり修正してあげることが重要である。

どうしても選手は「レギュラーになること」が第一命題となりがちだ。しかし、本来は「自分の力をつけること」の方が命題としては相応しい。なぜなら、「レギュラーになる」というのは「レギュラーに選ばれる」ということであり、「選ばれる」枠には常に限りがあるからだ。なおかつ、選ばれる方は、選ぶ側の支配下に置かれてしまうのである。

だからこそ、選手は首脳陣の評価に揺さぶられず、いかに自分の力をつけていくかを追求するべきである。

「監督・コーチの評価とか、チームの方針なんか、気にするな」

リーダーである監督の発言としては奇妙なアドバイスに聞こえるが、極論すればこのような指導をしている。そのため、選ぶ側の監督・コーチも、命題の優先順位を一致させる必要がある。

監督は「正しくレギュラーを選ぶこと」を第一命題に置いてはならない。常に、「選手の力をつけること」を第一命題とする。さもなければ、選手側の命題との間に矛盾が起きてしまうだろう。

要するに、フォロワーは組織が下す評価に揺さぶられず、自分自身の力を向上させるためのストーリーとシナリオを持てるかが重要といえる。

面談チェックポイント4

スタイルがオンリーワンになっているか

最後にチェックするのは、学生が主張した自己のスタイルが、その本人に合っているかを見定めることである。スタイルについてのプレゼンテーション内容だけで、その人のことだとすぐに認識できるかどうかである。

私は、基本的に面談中は、学生のプレゼンを聞きながら、パソコンのエクセルシートにプレゼン内容を打ち込んでいく。私はパソコンに向かっているため、ときどき顔は向けるものの、話している学生と身体は正対していない。

そっけない態度に見えるかもしれないが、これには理由がある。彼らがプレゼンテーションしている内容に集中するためだ。内容だけで、その人のことだとすぐに認識できるかどうかをチェックしているのである。同時に、話している内容がその本人が編み出した言葉であるかをチェックするためである。

そもそも、発言が漠然としていて具体的なスタイルが出てこないプレゼンテーションは論外である。「気合が自分の売りです」「やる気なら誰にも負けません」といったフレーズは最初から却下する。その気合とは具体的に何なのか、やる気とはどういうときにどういう形でゲームに現れるかを、選手たちはじっくり考えなければならない。

面談に向けて事前準備をしてきたかどうかは、内容を聞けばすぐに分かる。ちゃんと自分自身について考え抜いてきたかどうかは、個人面談を数多くやったリーダーからすれば一目瞭然である。

■二流プレイヤーなのに、一流プレイヤーを目指してしまうD君の場合

D君：僕の理想のスタイルは、スクラムハーフ（背番号9）というポジションなので、速くて長いパスを安定的にスタンドオフ（背番号10）に供給し、フォワードとバックスとの連携を図り、常にゲームを冷静に判断して、チームのリズムをコントロールする選手になることです。

いわゆるスクラムハーフというポジションであれば、このスタイルは最高のスタイルといえる。要するに、これができれば完璧である。この内容自体に全く問題はない。

しかし、大事なのは、これを目指しているのは誰か？　である。これは、万人が追い求めてはいけないスタイルだ。

しっかりとした自己分析ができていれば、こうしたスタイルを掲げることはない。

よく世間では「若いうちは夢を持て」と言われるが、あえて私は選手には言わないよう

にしている。憧れの選手を目標にすることは大切であるが、根底である基礎体力や運動能力が違うと、その憧れの選手のスタイルを手に入れることはできない。だからこそ、きちんと自分で自分の力を見つめろと言っている。D君に対しては次のようなコメントをした。

中竹：レギュラーになれたからといって勘違いしてはダメだよ。思い出してごらん、お前が一番成長したのはどんな時期だった？　昨年、3軍にいたとき、練習中からがむしゃらに声を出し、チームメイトを鼓舞していたよな。その時期は、ミスなんか恐れず、ヘタクソな自分を隠さず、自分ができることをただ思い切りやっていたように思えた。泥臭い選手は、泥臭さを貫いた方が輝くんだよ。

ほんの一例であるが、毎年、個人面談で似たようなアドバイスをする学生が数人いる。

土は土に徹し、花は花に徹する。

どんなに肥えた土でも美しい花にはなれないが、花をより華やかに咲かせることはできる。

どんなに美しい花でも肥えた土にはなれないが、土がなければ根は腐り花は枯れてしまう。

三流の選手には三流の選手だけが輝く道がある。だからこそ、三流の選手にはその三流の道を堂々と歩いてもらいたい。

一流、二流、三流にかかわらず、自分のスタイルを見極め、自信を持ってスタイルを貫いてもらうために、少しばかりの勇気を与えてあげることが、私が実施する個人面談の目的だと思っている。

面談チェックポイント 5　スタイルを発揮する状況をイメージできているか

自己のスタイルをきちんと確立している選手は、当然、プレゼンテーションにビジョンとストーリーがうまく組み込まれている。

夏シーズンでの面談では、春シーズンの面談に加えて、自分のスタイルの発揮についてのプレゼンテーション項目の追加がある。春シーズンは己の「スタイルの発見」が課題項目だが、夏シーズンは己の「スタイルの発揮」という点に重きを置いている。

いくらスタイルを確立しても、そのスタイルをきちんと発揮する力がなければ意味がない。特にスポーツであれば、限られた時間とチャンスの中できちんとスタイルを発揮しなければ認めてもらえない。

スタイルの発揮についての質問は、自分のスタイルが最も発揮される場面を具体的に提示させるためである。特にラグビーやサッカー、バスケットボールなど集団球技であれば、一人の監督が、試合中に起こっている全選手の全パフォーマンスを完璧に把握し、評価することは不可能である。

一般的に、ボールの周辺で起こるパフォーマンスは自然と視野に入りやすい。そのためボールに絡んだところでの選手のプレイの良し悪しは一目瞭然である。しかし、ボールゲームというものは往々にしてレベルが上がれば上がるほど、ボールから遠く離れたところでのパフォーマンスが重要となる。

例えば、味方への忠実なサポートやピンチに対する素早いカバーリングというものは、ボールを中心に映すテレビの画面ではほとんど現れない。このようなゲームの勝敗を左右するグッドパフォーマンスというものはボールから離れているところで起こっていることが多いため、ほとんどの場合見逃されがちだ。

派手なプレイからは縁遠く、決して目立ちはしないが、縁の下の力持ち的な存在としてスタイルを発揮している選手は、本当に優れた指導者に恵まれなければ、その価値を認めてもらえるチャンスがない。

そのため、監督は繰り返し試合のビデオを見たり、複数のコーチングスタッフでチェックする体制を築いたり、さまざまな分析ソフトを使ったりしながら、試合の隅々まで選手のパフォーマンスを洗い出さなければならない。

だからこそ、個人面談の場を活用して、普通では見落としがちな部分を、選手本人から伝えてもらうことは、選手だけでなく指揮官にとってもメリットがある。

その効果を狙って、夏シーズンの面談では、自分のスタイルが発揮できる自信のあるシチュエーションをあらかじめ監督にアピールし、宣伝してもらうようにしている。

学生たちは監督に自分のアピールポイントを意識的に伝えることで、その言動に対する責任を持たなければならない。要するに、私は選手たちにスタイルを発揮するであろう場面をアピールさせることで、彼ら自身へのプレッシャーを与えることになる。

見落とされがちな、しかし、是非見てもらいたいシチュエーションを、自らの口で意識的に発表させることは、選手たちの試合中のパフォーマンスを上げることにとても役に立っている。

スタイルの発揮についての質問に適切に答えるためには、試合中の自分のプレイストーリーを正確に描いておかなければならない。

例えば、自分のプレイストーリーを時間軸に重きを置くのであれば、試合開始の10分間での集中力を見てもらいたいのか、試合終了前の10分間での持久力を見てもらいたいのか、その人のスタイルによってアピールする内容は大きく異なるだろう。

また、プレイストーリーが時間軸ではなく、ゲームエリア（地域）軸を重要視するのであれば、敵陣のゴール前での敵を抜くステップに注目してもらいたいのか、もしくは、自陣のゴール前での敵をなぎ倒す激しいタックルに注目してもらいたいのか、アピールするシチュエーションに大きな差が生まれる。

どのような軸でストーリーを描き、その配役をどのように演じるかを言葉にすることで、自分の脳裏に植え付けることができ、それが更なるこだわりとなり、実際の場面で効果的に発揮することができる。

選手の短所に光を当ててあげる

いくら自分のスタイルが確立されていても、誰しもスランプというものはある。特に、結果として成果が出なかったり、数値として上がらない場合は、スタイル自体に迷いが生じることもある。

私が指導している選手の中にも悩みを抱えている学生が少なくない。監督としての私の仕事は、そうした選手が悩んでいるときこそ、改めて私の方から短所に光を当ててあげることで、自信を持ってスタイルを貫いてもらうことである。

ラグビーというスポーツは15人で行う競技であるため、ポジションによって役割が異なる。ウイングというポジションは15人の中でも、最も足の速い選手が起用されることが多く、他の選手から供給されたボールをゴールまで運びトライを仕留めることが一般的にいわれる役割である。

特に、ワセダラグビーでは、歴史を振り返っても名ウイングを多く輩出しており、部内でも「トライをとってこそ、ワセダのウイング」という共通認識が漂っている。そんな選手を「決定力のあるウイング」と呼ぶ。

昨シーズン、ウイングでレギュラーを張っていたE君は、公式戦が始まっても一度もトライをとることができず悩んでいた。E君は幾度となくボールを持って独走はするものの、ゴール間際でつかまり、最終的に他のポジションの選手が次々とトライを量産していた。また、ライバルチームの同ポジションの選手は、その大会中最もトライをとっている選手として「トライ王」に選ばれていた。

いわゆるワセダラグビーにおけるウイングの伝統的な基準からすれば、自分のプレイはまだまだ劣っている。自分には決定力がない。

E君はトライのできない試合が重なるたびに、その悩みが増していった。また、無駄にトライへの執着が高まり、他のプレイまで空回りしだしていた。

私は、ある公式戦の前日、戦術ミーティングを終えた後、E君と簡単な個人面談を行った。

中竹：「最近、何か悩んでいるようだけど、どうした？」

E：「いやあ、やっぱり、自分には決定力がないのかなあと。ワセダのウイングとしてトライがまだ一度もとれていないのが悩みです。明日なんとしてでも、必ず、結果出します」

中竹：「そうかあ。ところで、そのお前が言う結果って何だい？」

E：「トライをとることです」

中竹：「じゃあ、これまで試合で一度もトライをとっていないということは、お前は結果を出していないということなの？」

E：「そうだと思っています。もちろん、タックルや他のプレイではそこそこチームに貢献していると思いますが、ワセダのウイングとしての責任は果たしていないと思います」

中竹：「それは違うよ。お前は、トライはとれていないものの、一選手としては十分に活躍している。ボールを持つと必ずゴール直前までボールを運び、そのボールを責任持って味方に供給する。そのボールは必ず得点に結びついているじゃないか。要するに、アシストプレイでみれば完璧だ。だからこそ、オレはお前をレギュラーで使い続けているんだよ」

Ｅ：「ありがとうございます。そう評価してもらっているのはすごくうれしいです。けれど……、やっぱりワセダのウイングとしてはトライにこだわっていきたいです」

中竹：「まず、お前が言うその『ワセダのウイングの云々』って何だい。現にお前が今、ワセダのウイングだよ。お前がワセダのウイングに新しい伝統を作るんだという気持ちで、お前らしくがんばることが大切だと思うよ。今こそ、開き直ってお前のスタイルを確立してはどう？」

Ｅ：「ああ、そうですね。開き直ってみるのもいいですね。『トライを絶対にとらないウイング』みたいな（笑）」

中竹：「そうだよ、それだよ。今シーズン、決してトライはしない、それくらいの開き直りがいいね。その代わり、ボールを持ったら必ず、ゴール前まで運び、アシストする。そして、他のチームメイトから『ああ、かわいそうに、またＥはトライできなかったな』と笑われる。いわゆる『幸なしキャラ』を貫いた方がお前らしいぞ。監督もコーチ陣も、もちろん選手たちも、お前のトライ以外のプレイはちゃんと評価しているから、自信を持ってやれよ」

短い面談の後、E君はニコニコと笑いながら、少し胸を張って、自分の部屋に戻っていった。

翌日の試合。私はE君のプレイを楽しみにしていた。すると、結局、E君は期待を裏切り、3トライを生み出した。

なぜか。それは、トライへの無駄な執着がなくなり、いつも以上にリラックスしてプレイすることができたからである。目に見えない引力に負けず、自信を持って自分らしさを貫けば、結果がついてくる。

選手や学生、部下というのはいつも周りの伝統や期待と戦い、ときに自ら悩み始める。そんな無駄な悩みを取り除いてあげることも、リーダーの役目である。

その人間が持つ、スタイルを明確にさせる。その多くは短所に光を当ててあげることである。

懐に入り込む

個人面談には、他のコミュニケーションの場と違ったいくつかの効果がある。まず、一つの空間に一対一であることから、面談する側も、される側も、逃げ場所がないため、室内にはある種の圧迫感が出る。

同時に、お互いが向かい合って話をするため、うそや建前は見抜かれるから、普段より正直にならざるを得ない。

さらに、二人だけの空間に閉じ込められるため一種の安心感もある。普段は他のメンバーの前では言えないことが、より躊躇なく言えるようになる。

要するに、個人面談では本音で対話できる環境が作りやすいのである。

一世代昔であれば、人と人が本音でぶつかり合える環境はいたるところに転がっていたのだが、最近はインターネットや携帯電話の普及による意思疎通の様式の変化や若年層世代の気質の変化によって「生の対話」の機会が減ってきている。

そのため、学生にとって適切な環境で行う個人面談というのは、一種の特別空間になっているように思う。

私は本音の対話や本気のぶつかり合いといったやり取りを「懐に入り込む」という表現をしている。

その境地までたどりつけば、面談後のコミュニケーションもスムーズになる。

昨シーズン活躍した4年生に、F君という選手がいた。抜群の身体能力を持つF君は、高校時代から逸材と騒がれ、全国大会である花園の出場経験も持っていた。そのため、同期や後輩からは、常に一目を置かれていた。しかし、大学に入ってからの3年間は、怪我にも悩まされレギュラーに定着することはなかった。結局、3年生までの彼は鳴かず飛ばずの選手だった。

最もF君の成長にブレーキをかけていたのは、高校時代に築いた押しつけられた型であり、過去の小さな栄光にすがる意識だった。

「怪我さえなければ、いつでも俺はレギュラーでやれるんだ」

なんとなくそうした雰囲気が漂っていた。もちろん本人だけでなく周りの仲間も同じように感じていた。

これは、たまに若い学生が陥るケースである。高校時代に成功したからといって、その人が一生成功者として扱われることはない。しかし、大学生にとっては高校時代の実績を過剰に意識してしまうものである。高校時代に輝いた人はそれにすがり、経験が少なかった人はそれをコンプレックスに感じる。

人生の勝負というのは延々と続くため、ある期間における実績はすぐに過去になってしまう。大人になれば分かるのだが、高校時代の栄光というものはすぐに過去のものになる。

そのため、高校時代までのスタイルが本来のスタイルとは限らない。成功した者は成功した理由を客観的に分析し、次のステージで新たなスタイルを築かなければならない。過去の栄光に頼っている者は、本当の自信を持ち得ていない。しかし、なまじ成功体験があるため、それを捨て去ることもできない。

F君が4年生に進級したときの個人面談で、私はその点について彼の懐に入り込んだ。他の選手と同じように、本人にプレゼンテーションをしてもらった後、トーンを変えて言った。

「お前、本当は自信がないだろう。まあ、これまでの人生で、たぶんお前は、そんな痛いところを突くような直球を投げられたことないかもしれないけど、オレにはそう見えて仕方ない」

彼は一瞬驚いた顔で、ゆっくり頷いた。顔に「見抜かれてしまった……」という言葉が書いてあるように思えた。

「もっと、監督やコーチの目を気にせず、ひたむきに、そして、堂々とプレイした方が、お前らしいよ。人の目を気にしている人間は男として格好良くないしね」と笑いながら私は言った。

「その通りです。いやあ、僕、本当は全然自信がないんですよ。それをいつも隠そうとしている自分もいます」とF君は背筋を伸ばし私に正対して答えた。

「おお、そうかあ、それをちゃんと認めることができたなら問題ない。どうだろう、その部分、この1年間で乗り越えてみないか。自分の弱いところを認めることができたなら、お前ならきっと殻を破れるはず。一緒にやってみようじゃあないか」

それから二人だけの約束を交わし、彼はどんなときも絶対に人の目を気にしないことを誓った。

人の弱点は1日で変わるものではないが、その面談を終えてみるみると自信をつけていったようだった。最終的に、彼は4年生になって初めてレギュラーに定着し、見事、優勝メンバーとなった。

F君のように、全員の懐に入れれば理想的だがそう簡単にはいかない。

まず、面談相手が壁を作っていたら、懐に入ることは無理だ。だからこそ、二人の間にある壁を取り除かなければならない。壁を取るには信頼関係しかない。では、どのような信頼関係か。

それは、面談相手が「自分のことをちゃんと理解してもらえているんだ」と思える瞬間である。だからこそ、面談相手に対する入念な準備が必要なのだ。

ワンサイズ大きなスタイルへ

学年が上がるにつれて、自己のスタイルのイメージはより明確になり、面談でのプレゼンテーションも上手になる。特に、私が上級生やリーダーたちとの面談を行う際に、気をつけていることは、懐に入り込み、彼自身が考えているスタイルのスケールを大きくすることである。

学生の中でもリーダーを務めていたG選手の面談を紹介したい。彼は、最上級生でなおかつ学生リーダーの一人ということもあり、スタイルはほぼ確立されていた。

「すでに、十分なリーダーシップを発揮してくれて、オレは監督としてもすごく助かっている。しかし、お前なら、もうワンランク上のリーダーシップを発揮できるような気がするんだけどなあ」

「ええ？　それはどんなリーダーシップですか。どうすればいいですか、何でも言ってください」

G選手は、自己成長に関してとても積極的だった。

「じゃあ、正直に言わせてもらおう。ちょっと厳しい言い方になるけれど、ちゃんと聞いてほしい。現時点で、お前は後輩や同期からも尊敬されており、一つひとつの言葉にもリーダーとしての重みがある。だから、みんなお前の話はよく聞く。これは素晴らしいことだ。しかし、ときに責任感が高まるあまり、感情的になりすぎて、後輩や他のメンバーが萎縮しているときがあるんだよ。本物のリーダーはどんなときも他のメンバーに気を使わせない。メンバーがリーダーの機嫌を取ったり、顔色をうかがったりするような組織は、伸びしろが小さい。また、それはリーダーとしての器が小さな証拠だと思わないか?

同時に、お前のような軍曹役がぴったりな厳しい人間が、主将や副将などの学生リーダーたちに向かって、厳しいことも何でも言えるようになれば、真のリーダーになれるはずだ」

G選手は痛いところを突かれたような苦笑いをしていたが、とても前向きに改善していく約束をした。

しかし、シーズンを通して、彼は何度か感情的になることもあった。だが、そんなときは決まって、「さっきのあの僕の態度は、良くありませんでしたね。あれが前に指摘されたことですよね。あそこで我慢するべきでした」と私から指摘される前に自ら報告をしてくれた。

そうして、彼はシーズン終了間際、完璧なリーダーとなった。

このように向上心のある相手には、スタイルの拡大化をどんどん図った方がいいだろう。

お互いにとってエネルギーになる面談

実際、毎シーズン、約130名との面談を数回実施しているが、たくさんのエネルギーをもらうことができる。もちろん、体力的には疲労は残るものの、回数を重ねるごとに向上していく学生のプレゼン能力、スタイル確立の瞬間や面談を終えて胸を張って帰っていく姿を見ると、疲労の10倍ほどのエネルギーをもらえる。

ぜひ、試してもらいたい。楽しいものである。もちろん、監督就任1年目の面談はまだ慣れておらず、準備を要領よくできなかった。準備ができないと面談は後手後手になり、言いたいこともうまく伝わらず、面談相手も満足度が低い。

面談で失敗してしまうパターンとしては、面談する側もされる側も評価ばかりに気を取られているときである。面談時に「あなたの評価は……」「私の評価は……?」というフレーズが多くあるということは、面談自体のベクトルが過去に向かっている証拠だ。

あくまでも、個人面談は未来に向かっていなければならず、面談相手のビジョンとストーリーをチェックしてあげる空間と時間なのである。

お互いにとってエネルギーになる面談を成立させるためには、いくつかの条件が必要である。

まず、面談を行うリーダー側は、相手のビジョンとストーリーをチェックするための入念な準備、そして相手の懐に入り込むための準備に対する自信と覚悟が必要だ。

要するにリーダーが行うフォロワーシップで大切なことは、目の前のフォロワーのために、さまざまな角度から、誰よりもその人に合ったスタイルを考え抜くことである。

その本人よりも時間を使い、過去のゲームでのパフォーマンスや体力データを洗い出し、性格や友達関係、家族環境などあらゆる要素をシミュレーションすることで、面談の準備を行う。

その準備に基づいて、面談相手と本音でぶつかり合う覚悟が持てれば、後は勢いに任せる。

そうすれば必ずエネルギーが溢れ出す面談となるだろう。

チームトークの効果

リーダーにとって、フォロワーが自分たちで課題を見つけ、自分たちで解決していく力を身につけることは、ある種フォロワーシップの完成形である。

そうした自己解決力を養うために、ワセダラグビー部では、チームトークといわれるものを導入している。そもそも、ラグビーというスポーツでは、伝統的に監督（トップリーダー）は観客席から試合を見なければならない。グラウンド脇のベンチから指示を出すことはできない。要するに選手たちの自主性を最も重要視する競技といえる。よって、普段の練習中から、監督やコーチの指示なしに自分たちだけで、課題を発見し、修正していく能力を養っておかなければ、試合では勝てない。

ワセダラグビー部におけるチームトークとは、練習中や試合中に、プレイとプレイの合間を縫って、円陣を組んで短時間で行うメンバーミーティングである。私の指導では、全ての練習メニューにこのチームトークの時間を組み込んでいる。

例えば、パスの練習ドリルを行う。最初は、皆なかなかうまくできない。普通の指導者であれば、その場でコツであったり、ポイントを指摘する。通常、スポーツにおける指導者の手腕はそこで試される。いかに分かりやすく、具体的に、かつ段階的にコツやポイントを教えることができるか、それがコーチングの肝である。

指導者の一言のアドバイスで選手のスキルが格段に上達すれば、それは選手たちにとっては「魔法の言葉」となっていく。そのように、指導者のコーチングのノウハウが高まれば、選手たちは目指すスキルを簡単に手に入れることができる。

しかし、私の場合、練習がうまくいかなくても、「魔法の言葉」を与えることができないので、まず「はい、じゃあ、チームトークして」と選手たちに原因追求を委ねる。選手たちは、即座に円陣を組み、ああでもないこうでもないと議論を始める。そして、また同じドリルをやってもらう。

レベルの高いスキルであったり、新しいスキルであれば、一度のチームトークでうまくいくことはまずない。そのときは、チームトークと練習ドリルを繰り返してもらう。そのうち、うまくできる選手がコツやポイントを掴み、それをチーム全体で共有し始める。その中で、どのプレイが良い、どのプレイが悪いというプレイの基準が選手たちの中で生まれてくる。

スキルの達成は、それができれば、あとは時間の問題である。

スポーツチームにかかわらず、強い組織というのは、良き行動、悪しき行動の基準が、そのメンバーの中で共有されている。それをリーダーが全て示すのではなく、フォロワーが自分たちで試行錯誤を繰り返しながら、一つずつの行動基準を判断していく作業がチームトークである。この作業ができれば、現場で起こるさまざまな課題を自分たちで解決できるようになる。これがチームトークの効果である。

しかし、そうした課題解決能力が養われるというメリットを理解していても、実際はリーダーとフォロワーの知見やノウハウに差があればあるほど、フォロワーの自主性を重んじたり、自己解決を委ねることは、リーダーにとって正直なところ面倒くさい。スキルのコツやポイントを既に熟知しているリーダー主導のトップダウン的な指導の方が、フォロワーの成長速度は絶対に速いからだ。

そのため、全てのプロセスにチームトークのような話し合いの場を作ることは、スピードが求められる環境ではとても非効率である。しかし、長期的な視野で考えるとフォロワーの基礎力に加え、対応力や応用力といった力が養われるため、伸びしろの大きな組織作りが可能となる。

チームトークの条件

チームトークとは、ただ単にメンバーで話し合いをすれば良いのではなく、いくつかの条件を満たさなければならない。

まず、実践したプレイに関する課題をできる限り抽出する。それと同時に、うまくいっている点も洗い出す。課題抽出ばかりに目線がいくと、どうしてもチームトークがネガティブなものになってしまうからだ。今、チームとして何が成功しているプレイなのかを把握することは、チームのエネルギーを生み出すため、ポジティブにトークすることも大切である。

その際、大切なことは、より多くの人間、さまざまなポジションから意見を吸い上げることである。学生のキーパーソンが集中的に話をするのではなく、学年やポジションに関係なく、誰もが意見を言える雰囲気を作ることが大切だ。そうでなければ、チームトークの意味があまりない。課題抽出は、より多くのより多面的な意見が出れば出るほど良い議論といえる。

さらに重要なチームトークの条件として、次に何をどうするかというチームコンセンサスを得ることである。ここでいうチームコンセンサスとは、未来に向かったチームとしてのソリューション（解決対策）のことである。本来、コンセンサスとは共通認識という訳であるが、ワセダラグビー部における「チームコンセンサス」とは過去の行為に対する共通認識ではなく、全ては未来へのベクトルに対する共通認識を指すようにしている。

組織というのは、個々人の意識、能力にばらつきがあるので、次のステージへの方向性はできる限り一つに絞った方が良い。さまざまな課題はあるが、一気に全ての課題を乗り越えることができないため「まずは、これだけに集中しよう」といった絞り込みの決断が必要となってくる。

その決断を下すのが、フォロワーの中におけるリーダーといえる。学生スポーツで言えば、キャプテンである。

チームトークで最も失敗するパターンは、課題抽出に過度に重きを置いてしまい、議論の幅が拡大し、一つのコンセンサスを得ることができずに、時間が来てしまうことである。自分たちのダメなところや課題だけがメンバーの頭に焼きついたままプレイを再開する。これが最もチームが混乱してしまうパターンである。

仕事における会議でも、問題指摘や課題抽出ばかりに議論が集中して、課題への対策案が出されないまま、会議が終了することも少なくないだろう。このような会議の場合、不思議と議論は活発に行われていることが多いため、会議に出席したメンバーの満足度も高くなっている。しかし、肝心な組織の方向性が決まらず、次の会議で全く同じ議論をしているケースもあるのではないか。

あくまでも、課題と成果の抽出は、チームコンセンサスを得るための基本情報に過ぎない。よって、課題と成果の抽出作業では可能な限り議論を広げ、チームコンセンサスの作業ではできる限り未来への方向性を絞り込むことが大切である。

このように、チームトークを適切に行っていくためには、司会進行役、いわゆるチームトークにおけるファシリテーター役が必要となる。なぜなら、トークには必ず時間制限があるからだ。スポーツにおける練習にしろ、試合にしろ、または仕事における会議にしろ、永遠に時間を与えられているわけではない。

ファシリテーター役がタイムコントロールを行い、時間内に課題と成果を整理し、次へのシンプルなチームコンセンサスを得ることがチームトークの条件である。

私にとって、チームトークのレベルはチーム力を計る上での大切な要素でもある。シーズンを通して、学生のチームトークの様子を傍から見ていると、その質的レベルの成長には目を見張るものがある。

例えば、シーズンがスタートしたばかりのチームトークは、彼らなりに一生懸命にいろいろな議論をしているものの、単にミスの指摘や言い訳合戦になることが多い。しかし、シーズンが深まるにつれ、ファシリテーターが自然と現れ、ほんの短い時間でチームコンセンサスを得るところにまでいたる。

ときに、課題の抽出を行わずとも、その基本情報はメンバー全員に暗黙知として共有されており、キャプテンの一言でチームコンセンサスが生まれることもある。その場合、チームトークは数秒で終わる。そのようなときは、たいていキャプテンが下す方向性をメンバーは予測しており、実際のトークで確認するといった感じである。

レベルの高いチームトークを実際の試合で発揮するには、やはり日々の練習の中でやっておかなければならない。

チームコンセンサスの必要性

なぜ、チームトークにおいてチームコンセンサスが必要なのか。

スポーツではよく使われるチャンスとピンチという二つの言葉を使って説明したいと思う。

例えば、野球でいえばノーアウト満塁の状況、サッカーでいえばゴール前でのゴールキーパーとの一対一の状況。皆さんはこうした状況をどう捉えるだろうか。

普通に考えれば、ノーアウト満塁で打者を迎える攻撃側やゴール前でキーパーと一対一になった攻撃側からすれば、大きなチャンスの場面である。一方で、追い込まれたピッチャー側やゴールキーパー側に立てば大ピンチの状況といえよう。

そんな場面では、今がチャンス！　今がピンチ！　チャンスを逃すな！　ピンチを防げ！　といった具合に観客席からもいろいろな声が聞こえてくるはずだ。

では、実際のところ、戦っている選手たちの心境はどうなのだろうか。必ずしも、そのような場面で彼らの心境は同じだとはいえない。注意深く見ていると、そんな状況下に限って、不気味に笑っているピッチャーやゴールキーパーもいる。

いくら物理的にピンチな場面でも、グラウンドにいる本人がチャンスと思っていればそれはチャンスである。要するに、物理的な事象は同じでも、当事者の解釈の違いでチャンスかピンチかが変わるのだ。

チームスポーツで言えば、本当のチャンスとは、チームの一人がチャンスと思ったときに、全員がチャンスと思うこと。本当のピンチとは、チームの一人がピンチと思ったときに、全員がピンチと思うことである。

だからこそ、チームコンセンサスが必要である。近年のワセダラグビー部でも物理的に追い込まれた状況の中、適切なチームコンセンサスを行い歴史的な勝利を生み出した試合がある。

2007年関東大学ラグビー対抗戦、早稲田大学対明治大学。リーグ形式で行われる大会最終戦で、13年ぶりの無敗対決となった試合である。明治は伝統的な重戦車フォワードを復活させ、チームの勢いを最高潮に持ってきていた。

その波に乗り、前半早々からワセダ陣内に一気に入り込み、8分にフォワードとバックスが一体となって素晴らしいトライをあげた。そのトライは、明治にとってもそれまで見たこともないシーズンで最も美しいトライといえるものであった。

その後、ワセダメンバーは、ゴール裏でチームトークのための円陣を素早く組んだ。監督の私は観客席にいるので指示は出せない。ただ遠くから選手たちのチームトークの雰囲気を窺っていた。

もちろん、選手たちが話している言葉は聞こえないが、なんとなく「だいじょうぶ、だいじょうぶ、失点したことは仕方ないが、全く問題ない。だから、オレたちのやることは変わらない。これまで通り、しっかりディフェンスのセットを行い、思い切り前に出よう。そうすれば、次は必ず仕留められる」と主将がメンバーに語りかけ、全員が「そうだ、そうだ」と確認しているように見えた。

予想外に失点したり、今までに見たことのない敵の攻撃を目の当たりにすると、たいていの場合、原因追求や課題の抽出が混乱し、チームがパニックに陥ってしまう。そうなるとチームコンセンサスを得ないまま、ゲームが再開する。

しかし、このときはメンバー全員が冷静に現状認識を行い、素早くチームコンセンサスを得ることができたため、その2分後、同じような明治の攻撃の状況からインターセプトと呼ばれるディフェンスを成功させ、見事、逆転に成功した。その後も、ワセダのディフェンスは勢いを増し、最終的には71対7と歴史的な勝利を収めることができた。

目の前の事象をどのように捉え、どのように対応していくのかに、唯一正しい答えなどない。チームの戦略や戦術、また極端に言えば、その日のコンディションによっても大きく異なるはずだ。

だからこそ、日々の過程の中でチームコンセンサスを得るための訓練をしておくことが大切である。

コミュニケーションのスキルと心構えの指導

選手たちが、自ら課題を発見し、解決する力をつけていくためには、単にチームトークの時間や機会を増やせば良いわけでない。私の場合、あまり戦術的アドバイスは得意ではないが、一方でコミュニケーションのスキルについてのアドバイスは特に注意を払っている。

実は、チームトークやマンツーマントーク（グラウンドの上での一対一での対話）がレベルアップしていくためには、そうした一般的なコミュニケーションのスキルと心構えが必要である。

なぜなら、練習や試合を行ったり、会議を行うのは生の人間だからだ。機械仕掛けのロボットであれば、議論もスムーズに進むだろうが、感情を持った人間はそううまくはいかない。

例えば、試合中にパスのミスが起こる。

パスのミスの原因は、いくつかある。パスをした選手のパススキル自体が悪いケース。もしくは、パスは良かったけれど、パスを受ける選手のキャッチスキルが悪いケース。もしくは、突然、大きな風が吹いてパスの軌道が乱れたケース。もしくは、敵のプレッシャーが強かったケース。

このように、失敗の原因はいくらでもある。

だからこそ、パスのミスが起こったら、まず「ごめん」と言えるかどうかが、次のコミュニケーションを生み出すためのカギになる。

「ごめん、今のパス、悪かった？　もっと前の方に投げたほうが良かった？」と言えば、相手も「オレの取り方も悪かったね。けど、そうだな、もう少し前の方がいいね」

こういうコミュニケーションが成り立てば、次はミスがなくなる。

逆にお互いが、相手が先に謝るのを待っていると、無言のままだ。心の中で、

——いいパスしたのに、何でアイツは、とってくれないんだ……

——あんなパスとれるかよ、もっといいパスしろよ……

放置しておくと、このような冷戦が始まる。これは決して、スポーツの話に留まらないだろう。

こうした状況ではスキル論より、感情論の影響が大きい。例えば、部活動では同じメンバーでも、それ以外では仲が良くないとか、つい先日つまらないことで喧嘩をしたとか。お互いあまり良くない関係であればあるほど、最初の「ごめん」を根気良く待ってしまう。

そうすると、チームトークやマンツーマントークはいつまで経っても始まらない。

こうなると、次にまた同じミスが起こるのは目に見えている。

実は、多くのミスの場合、どちらかがはっきりと悪いということはあまりない。だからこそ、お互いが歩み寄らなければならないのだ。

そのためのきっかけは、先に声をかけること。そうしたコミュニケーションの心構えをきちんと身につけていれば、即座にトークに入ることができるのだ。

そのため、私は選手たちに「挨拶は相手より先にしよう」と指導している。普段から、相手より先に挨拶をできる人は、試合中、相手より先に声をかけることができるからだ。

私は昔から、挨拶の仕方で心がけていることがある。それは声の大きさやお辞儀の仕方ではなく、いかに「相手より先」にするかだ。相手から声をかけられるのを待っているのではなく、自分から声をかけることができるか、そう意識している。

挨拶されるのを待つのではなく、自分から挨拶すること。

「おはよう！　今日は顔色がいいね」

「久しぶり！　なんだか調子が悪そうだけど、何かあったのか？」

いいタイミングを見計らうといったような面倒なことは考えず、自分からコミュニケーションを取る。

この行動、実は、誰しも年をとるごとにできなくなるのが普通だ。

人間、偉くなるほど、挨拶をされるのを待ってしまいがちになる。ビジネスの世界でも肩書きが立派であるほど挨拶や名刺交換されるのを待っている人が多い。

この心構えは日常生活に限ったことではなく、実はスポーツにおいてもすごく役に立つのだ。

一方で、先のような味方同士の冷戦ではなく、ミスをした張本人がへこんでしまって無言になってしまうケースも少なくない。だからこそ、ゲーム中にミスが起きたら、ミスを起こした張本人がまず周りに何かメッセージを投げるように指導している。

なぜか。それはチームコンセンサスを得なければならないからである。

一つの小さなミスであっても、本人の修正だけでそのミスを解決できるものなのか、他のメンバーの力が必要なのか、それをきちんと整理しなければ大きなミスを招く可能性も出てくる。

よって、ミスした選手は、失敗に対して落ち込んだりへこんだりする暇はない。即座にチームメイトに失敗の原因と次なる修正案を出すことが求められる。

そうしたことを一つひとつ指摘していくのが私の役割だ。通常、監督やコーチは試合のビデオミーティングを行いながら「ここは、もっと長いパスがよかった」とか「もっと外側にキックするべきだった」といった戦術やスキル面の課題整理やアドバイスを行う。

一方で、私の場合、特に注意しているのは、試合のビデオを流しながら、全くプレイが止まっているシーンで「このミスの後、A君、自分からトークした？」とか「このタイミングで、どんなチームコンセンサスを得た？」といった質問を投げかける。

選手たちのフォロワーシップを尊重するため、実際の戦術的な内容よりも、コミュニケーションのスキルや心構えの指導に力を入れている。

学生幹部ミーティング（委員会）

ワセダでは、学生幹部を委員と呼ぶ。そこには、主将、副将、主務、副務、寮長、分析委員長、ポジションリーダーとさまざまな役割を担った幹部たちがいる。彼らは、週に1

度、委員会を開催し、チームの問題点や改善点を話し合っている。

監督である私は、彼らの委員会には出席しないが、その後、すぐに議事録がメールで送られる仕組みになっている。委員会の議題は戦術論だけにとどまらず、私生活面での課題や雰囲気など、多岐にわたる。

単に学生間だけの議論ではなく、監督やコーチに対する要望や意見も議題に上がる。

私はそれを読みながら、その週の練習メニューを見直したり、次の試合のテーマを考えている。

また、主務、副務、トレーナーや女子マネージャーなどの選手以外のスタッフと呼ばれる学生たちは、週1回、スタッフミーティングを行っている。同じく、その議事録も送られてくる。

夏合宿や遠征試合の手配、公式戦の準備、OB会との連携やチームドクターや病院とのやり取りなど、仕事は幅広い。本人の担当業務だけでなく、スタッフ全員が情報共有できるよう心がけている。

委員会もスタッフミーティングも議事録を読めば、なんとなくうまくいっているかどうか見通せるようになった。

私が監督として注意していることは、学生からの提案に対してきちんと反応することである。学生が自主的に議論して決定したことが、それが正しいか否かにかかわらず、組織運営に影響を及ぼしていることを実感してもらうためだ。また大切なのは議事録だけでなく、直接対面で意見の確認をすることである。

こうした文字と対面のやり取りを通じて、フォロワーの自律的な組織を作っている。

マルチリーダー制

組織の中でリーダーと呼ばれる人間は一人とは限らない。企業であれば、社長がトップのリーダーであるが、多くの場合、各部署に部長と呼ばれるリーダーが置かれ、その下に課長、係長がいる。その他、担当役員なども含めればレベルは違うけれど、リーダーは複数になる。

スポーツであれば、監督、ヘッドコーチ、キャプテン、バイスキャプテン、ポジションリーダーなどリーダーという肩書きがつく人間は一人とは限らない。

要するに組織の区切り方によってリーダーというものは変わっていく。さらに、組織によってはトップリーダーが担うべき役割をできる限り分解することで、機能ごとに複数のリーダーを作ることができる。例えば、ラグビーで言えば、アタック（攻撃）リーダー、ディフェンス（守備）リーダー、スクラムリーダー、ラインアウトリーダーといった具合に、機能別のリーダーを配置することが可能だ。企業で言えば、戦略リーダー、企画リーダー、モチベーションリーダー、コミュニケーションリーダーなど。

その原理を積極的に応用したのがマルチリーダー制である。常に複数のリーダーを置くことで、誰がリーダーになってもフォロワーがそれに順応できる組織風土を作るための体制である。

ある特定のリーダーに全ての権限を委ねている場合、試合中にそのリーダーを交代させることは、通常、とても抵抗がある。しかし、ラグビーというスポーツの場合、怪我で選手交代を余儀なくされる状況は決して少なくない。だからこそ、万全な準備をする上でも、誰がリーダーになっても、そのリーダーをサポートできるような環境を日頃から作っておくことは大切である。また、怪我での退場ではなく、そのリーダーが突然不調になったり、パニックに陥り判断が鈍ったり弱気になった場合なども、マルチリーダー制を最初から敷いておけば、積極的なリーダーの交代が可能となる。

マルチリーダー制を導入すると、どんなリーダーであっても、場合によっては他のリーダーをフォローすることが必然となる。そのため、リーダーシップとフォロワーシップをバランスよく保ちながら発揮する力が養われるのだ。

第6章

▼

フォロワーのための
フォロワーシップ論

個人と組織の関係性

本章では、組織のリーダーではなく、フォロワーの立場になって、どう組織を支えていくかに重点を置いて言及する。まず、本論に入る前に、個と組織の原点について考えてみたい。

なぜ組織に属するのか

そもそも、ヒトはなぜ組織に属するのか？

この質問は、フォロワーと組織の関係性を整理する際にとても役に立つ。

例えば「なぜ、あなたは今の会社にいるのか？」「なぜ、あなたはこのボランティアサークルに所属しているのか？」

このように、現在、あなたが所属している組織を例に、自問自答してみてください。

たいていの人々はそんな当たり前のことを聞かれても……と思われるだろう。しかし、実は、当たり前のことを文字に落としていくというのは非常に難しく大切な作業である。それぞれの組織に属する理由は事情によってさまざまあるにせよ、考えてほしいのは人類が組織を作る根本的な理由に立ち返ることである。

第1章の冒頭に「組織とは、意義を持って集まった二人以上の集団」と定義を示した。この定義にならっても、ヒトが組織を作る理由は、「一人ではできない」からである。

要するに、あらゆる組織はヒトが個人では目的を果たすことができないから存在しているのだ。他人の力を借りなければ目的を達成できないから組織化するのであって、意味もなく組織は発生しない。

仮に、誰の力も借りずに自分独りの力で目的が達成できるのであれば、会社に行く必要もないし、サークルに入る必要もないだろう。

この組織の存在意義を再認識することがフォロワーとしてのフォロワーシップの発揮につながる。

余談であるが、他の国、特に、イギリス・フランス等のヨーロッパ諸国で先ほどのような「なぜ、組織に属するのか」といった質問をするとほとんどの人が答えることができる。参考までに、組織文化の違いにおける個人と組織の捉え方の違いというのを紹介したい。

▶日本と西洋における個人と組織の一般的な捉え方の比較

日本　集団主義文化の強い社会における個人と組織の一般的な捉え方	西洋　個人主義文化の強い社会における個人と組織の一般的な捉え方
●個人は、基本的生活において組織の中に属している ●個人は、目的に応じて組織を変化させる ●組織の役割は、[生活の基盤] と認識されている ●組織は、個人に安心感を与える	●個人は、基本的生活において組織から自立している ●個人は、目的に応じて組織を選ぶ ●組織の役割は、[目的を果たすための一手段]と認識されている ●組織は、個人に緊張感を与える

まず日本をはじめとするいわゆる集団主義社会では、ヒトは基本的に何らかの組織に属していることが前提となることが多い。例えば、自己紹介にしても、多くの日本人は「はじめまして、私は株式会社●●の山田太郎です」と言って名刺を差し出す。仕事上での挨拶であれば当然だが、プライベートの会話でもその傾向が強いと言われている。

要するに、自分を表現するときに、自分自身の性格や思想ではなく、どの組織に属しているかを重要視してしまいがちだ。

これは、ヨーロッパ諸国の人たちからすれば、少し奇妙に感じるらしい。彼らの自己紹介では最初に名前、それから趣味や職種（所属会社ではなく、仕事の内容）などから雑談へ発展していくのが一般的だ。彼らは常に自分自身のことについて語る。多くの日本人と違って、基本的生活において「個」が自立しているといえるだろう。

また、日本人は比較的、帰属意識というものが強いせいか既に所属している組織から別の組織に移ることを好ましく思わない。個人がある目的を果たしたいと思った場合、既存組織の中で新たにその目的を立てゴールに向かって進んでいくことが一般的である。

たとえて言えば、多目的サークルのような形態。今週はテニス、来週は野球観戦、再来週はバーベキューといった具合に、メンバーは常に同じで、やる活動自体が変化していく形がそれに当たる。

「何を」するかより「誰と」するかの方が重要視されており、仕事にしろプライベートにしろ常に同じ仲間と過ごしている時間が多いのが、いわゆるこれまでの日本的な組織の形である。

一方で、西洋人の多くは自分独りでは目的を達成できないという壁が見えてはじめて組織に目を向ける傾向にある。そこが大きな違いだ。日本人のように組織があってその組織の中で目的を変えていくのではなく、目的に応じて個が組織を選択していくというのが西洋の基本的な姿勢といわれている。

よって、例えば余暇を楽しむためスポーツクラブを選ぶ際、地域内の全てのクラブを転々としながら探し続ける。要するに、西洋では個人にとって組織は目的のための一手段と言えるのだ。

もう一つの違いは、日本では集団の中にいることが個人に安心感を与えていると言える。これまでの公教育の影響かもしれないが「みんなと同じことが正しい」という傾向が強い。集団の中で他との行動を同じくすることが基本的に安心を生み出す。一方で、西洋では、集団に入るということは個人では果たせない目的や理由があるための、特別な状態なわけで、それは逆に緊張感を与える。

簡単な例を挙げると、イギリスやフランスなどの基本的に個人主義の強い社会では、実は、サッカーやラグビー、ハンドボールなど集団スポーツの競技レベルが高い。

もちろん、身体的な優位性もあるが、それだけでなく文化的な背景の中に要因がある。彼らは、極端に言えばチームに属した瞬間から積極度が100パーセントに達する。例えば、それはトレーニングや練習の段階からそうで、やらされている感や惰性的な態度が圧倒的に少ない。とにかく普段の単体の自分では味わえない時間と空間に、全力を費やす。

私がイギリスに留学していた際に驚いたことがある。地元の草ラグビークラブに所属していたころ、練習中にある選手が、突然、練習をやめてグラウンドから消え去っていった。彼はその直前まできついトレーニングドリルを誰よりも勤勉にこなし、リーダーシップを発揮して若い仲間を鼓舞していたのだが、何かの弾みで手を痛めたようだった。

後でグラウンドから離れた理由を聞いてみたが、「ただ手を怪我したからだ」という。他のメンバーも理解していたようで、彼の行動を特に問題にしていなかった。

普通の日本人ならば、みんなでやっている練習を途中で抜けることは、ある意味非常識と捉えがちである。似たようなケースとして、会社でも上司が帰るまでなんとなく帰れない風土や、飲み会にはとりあえず全員参加しなければならない風土などがある。個人の意思や都合が、組織に完全に負けている証拠だ。

欧米の集団はこうした風土からは対極に位置している。各人が組織を活用しながら、一人では達成できない自身の目的達成にわがままに全力を尽くす。私見であるが、個が個人主義を強烈に持った集団の方が、チームスポーツに向いているような気がする。

昔は、集団主義である日本こそが集団スポーツに有利と言われてきたが、最近では、欧米における集団スポーツチームのコーチングやマネジメントが研究対象として注目を集めている。

近代化、情報化、グローバル化などの影響により、いわゆる日本固有の集団主義的風土や欧米古来の個人主義的風土は、徐々に変化している。けれども、人類である以上、原則的には、組織の存在意義や個人の組織所属の意義は普遍だ。

個が単体では達成できない目的やテーマのために、組織が存在する。

そして、個はリーダーやフォロワーにかかわらず、組織に関わるという意味では対等であるべきであり、個の存在意識が明確でなければ、組織にい続ける必要はない。

リーダーとフォロワーとの関係性においては権限や権力に伴うパワーバランスが生まれるが、組織への関わり方においてはリーダーがフォロワーよりも組織を離れやすいとか離れにくいという議論はそもそも存在しない。もちろん、リーダーはその立場上責任が重いことが一般的であるため、常識的には組織を離脱しにくいのは否めない。

ただし、誰もが考えなければならないのは、なぜ、組織に参画しているのかという原点である。

日本の社会では、中学を卒業したらなんとなく高校へ、高校を卒業したらなんとなく大学へ、大学を卒業したらなんとなく企業へ就職するといった流れがある。こうした「なんとなく」の流れは個と組織の関係性を、ついつい意識の外に置き去りにしてしまう。リーダーにしろフォロワーにしろ、この「なんとなく」の流れに負けてはならない。なぜ、今、人と人の間にいるのかをきちんと意識できなければ、適切なリーダーシップやフォロワーシップは発揮できない。

特に、フォロワーというのは組織に対して受け身になりがちなため、組織に属する意義やメリットを常に意識して行動することが大切である。

フォロワーの五つの選択肢

集団に加わる際の心構えを確認したので、ここからはフォロワーのあり方について考えてみたいと思う。

組織の一員として活動をしていく場合、フォロワーが持つことができる選択肢は五つある。

当然、この議論は個が組織に対して改善や成長を考えていることが前提だ。

1. 自分自身の個としての成長を最優先

2. 仲間（＝フォロワー）と共に成長する

3. リーダーを成長させる

4. リーダーを代える

5. 組織を脱退する

この五つは、どれが最も正しくてどれが悪いかを議論するものではない。自分の置かれた状況で判断し行動するものだ。まず、それぞれの選択肢を説明したい。

まず、「1. 自分自身の個としての成長を最優先」とは、組織の良し悪しやリーダーとの相性にかかわらず、所属した組織の中で個としての成長を最優先に考える行動パターンだ。特に、新入社員や新入部員などは、経験もなく知らないことや分からないことばかりなので、このパターンが比較的合うだろう。

次の「2. 仲間（＝フォロワー）と共に成長する」とは、自分の個としての成長だけでなく、同僚や仲間といった自分以外のフォロワーと共に成長することに重点を置いたパターンだ。

以上の二パターンが、フォロワーのためのフォロワーシップの行動パターンといえる。

それ以降の3、4、5は、フォロワーが考えるリーダーシップである。リーダーのリーダーシップを発揮させるために、フォロワーが何をするべきかを追求した選択肢だ。具体的には次の第7章で説明するため、ここでは簡単な説明に留めておく。

「3．リーダーを成長させる」は、極論であるがフォロワーがリーダーを成長させることに最も重点を置くパターンだ。例えば、若手リーダーの育成や世代交代する際に考えるべきことである。

「4．リーダーを代える」は、フォロワーがリーダーを別の人に交代させることを目的とした行動パターン。現行のリーダーを育てるより、より適したリーダーを配置しなければならない場合だ。実際、この選択肢を選ばざるを得ない状況では、組織はあまりうまくいっていないと言えよう。要するに、クーデターだ。

最後の「5．組織を脱退する」は、フォロワー自身がその組織から脱退することである。究極的にはフォロワーがその組織に属している価値を見出せない場合は、直ちに立ち去った方が良い。要するにフォロワーとしての最終的な手段だ。

後半の三つのパターンは、「フォロワーのためのリーダーシップ」の考え方であるため、詳しくは次章で説明する。

よって、本章では最初の二つに焦点を当てていきたい。

自分自身の個としての成長を最優先

組織に属する以上、どのような姿勢で組織に関わるかは、それなりの妥当性が必要である。単に利己的に自分だけの成長を優先させるのではなく、組織的にも論理的にも納得のいくものでなければならない。

組織が巨大化すればするほど、通常、フォロワー一人ひとりの責任や役割は小さくなる。さらに、組織自体が硬直し、進化や変化を恐れ、組織の抜本的な改革が困難なときは、一フォロワーが生み出す組織への貢献度は低くなる。

このような場合、フォロワーは自分自身の成長を最優先に考えることが、フォロワーにとっても組織にとっても望ましいといえる。

さて、では実際に組織に所属しながら、自分自身の成長に対して貪欲に行動するということは一体どんなことなのだろうか。

まず、成長とは何を指すのかを整理することが大切である。自分なりの成長の定義を考えなければならない。世の中の期待やなんとなくの体裁から判断するのではなく、未来の自分にとって大切なものを成長とする定義が必要だ。例えば、その業界におけるルーティンワークや基本知識の習得、仕事をうまくやっていくための技術の向上、業界内のネットワークの形成など、人によって成長の定義はさまざまだろう。

しかし、最も陥りがちな落とし穴がある。それは、個としての「成長」と個としての「成功」を履き違えることだ。成長＝成功と捉え、とにかく数字や実績を作ることだけに集中している人は、いつまで経ってもフォロワーとして成長しないだろう。

フォロワーであることのメリット

個としての成長を考えるには、まず、フォロワーであることのメリットを理解しておくことが重要である。まず、フォロワーは、リーダーに比べ、人から要求されていることが少ないため、自分のことに専念できる環境が多く与えられる。

組織の原理上、人はフォロワーからリーダーになると他に与える影響が拡大する。また、リーダーの失敗は必然的に組織全体の失敗に直結してしまう。一方でフォロワーであれば、組織環境に差異はあるものの、自分一人の失敗はそこで完結され、多くの場合、リーダーが責任を肩代わりするか、仲間が穴埋めをしてくれる仕組みになっている。

従ってフォロワーの方が失敗を恐れる必要がないため、思い切って行動できるのだ。

個の成長に焦点を当ててみた場合、失敗は、財産である。

人間は、一度大きな失敗を経て、それから学び再び挑戦して成功を掴めば、それが身体に染み付き、自分の経験知となる。

フォロワーが失敗した場合の組織への影響度は、成果についても同じことが言える。要するに、フォロワーが上げた成果は、リーダーや他の仲間に吸収されることが少なくない。となると、当然、フォロワーである間はたくさんの成果を上げて経験を積むよりも、たくさんの失敗をして経験を積んだ方が、フォロワーであることのメリットを活かせるはずである。フォロワーであるうちに、たくさんの失敗を経験した方が組織にとっても本人にとっても都合が良い。

持論であるが、失敗には二つの種類がある。開かれた失敗と閉ざされた失敗。前者は、確実に財産になる。後者は、失敗の事実すら認識できなかったり、言い訳することで失敗というレッテルを排除してしまうことだ。では、開かれた失敗をするにはどうしたら良いか。それは、簡単。チャレンジをすることだ。チャレンジした後の失敗こそが血肉となる。

第3章で述べたが、フォロワーのままでいるにしろ、後にリーダーになるにしろ、自分のスタイルを築くことはとても大切なことである。そのスタイルを確立するために、たくさんのチャレンジが必要だ。それにはフォロワーという立場が好都合なのである。

フォロワーとしての力をつけるとは

「一人前になる」というフレーズを耳にするが、それは実際どのようなことだろうか。

終身雇用の文化も薄れつつある昨今の雇用環境において、自分の知識やスキルをアップさせることに熱心な若手社員は少なくないだろう。そうした社員たちは、キャリアアップ志向が強く、自分だけの成長を第一に考える傾向にある。転職や独立を視野に入れたキャリアプランを描いている人が多いのも事実だ。

そうした人たちが組織に属しながら自己成長を図る上で、最も失敗するパターンがある。それは、いわゆる仕事ができる男、できる女になるために、日々、奔走している人たちが嵌るパターンだ。

これが先ほど述べた、成長と成功を履き違えたケースといえるだろう。

社会人をある程度の期間経験したことのある人ならばお分かりであろうが、日々の一般業務の中で、特別専門的な知識やスキルを使う割合というものは、実は非常に少ない。

革命的な発明を毎分、毎秒、生み出している人がいないように、国家資格を有する医療専門家や法律専門家であっても、本当に専門家でなければできない仕事を朝から晩までやっているわけではない。日々の多くは、誰でもできる作業で占められている。分かっていることを確認する、お客や同僚に連絡をとる、会議の準備をする、作業の計画を立てる、業務の報告をする、相談をするといった類のものが大半である。

ビジネススクールで教わるようないわゆるビジネスの特殊なスキルを、世の中の会社員が使っているのかというと、そうではない。

例えば医者であれば、専門部位の手術の腕を磨きたいと思っていても、診察、カルテ作成、同僚医師・看護師との打ち合わせ、外部業者との交渉、研究関連業務がその周辺に莫大にあるのが普通だ。超専門的なスキルが常に必要というより、日々の一般管理業務であったり、他者とのコミュニケーションが大切になってくる。

誰もができるようなことをやることは、それほど楽しくない。それができても、あまりうれしくない。また、毎回きちんとやったとしても別に褒められるわけでもない。だから、もっとレベルの高いことや新しいことをやらせてもらいたい。そして自分を高めたい。そうでないと、やる気が出ない。

これが本音であろう。向上心が高い若手社員ほど、こうした心境で悩みがちだ。

これが「できる人」を目指した者が、嵌りがちな失敗のパターンである。

やりたい仕事ができる会社に就職した。しかし、やりたい仕事とはギャップがあった。ここでは成長できない。だから半年で辞めた。これはよく聞く話だ。

また、本人はやる気満々で凄腕のビジネスマンを目指している。当然、会社も自分にそう期待しているだろう。しかし、なかなかビッグチャンスが与えられない。裏切られた気分だ。何だか、友達の話を聞くと、別の会社の方が、楽しそう……そして転職。

これもよく聞く話だ。

なぜ、これが失敗のパターンなのか。それは、若手社員に限らず、最低限社会人として求められるものは、仕事が「できる」ことではないからだ。

第4章で触れたダメな新人さんの姿を思い出してほしい。最も多かったのが「あいさつがきちんとできない」、続いて、「メモを取らず、同じ事を何度も聞く」「敬語が使えない」「雑用を率先してやろうとしない」「ホウレンソウ（報告・連絡・相談）ができない」「同じ間違いを繰り返す」「返事ができない」「自分のミスを謝らない」といった具合だ。

往々にして、ビッグチャンスを狙っている若者は、こうした日々の当たり前の行動を疎かにしてしまいがちだ。

本人たちからすれば、「敬語をきちんと使いなさい！」と上司から怒られると、「敬語の指導なんかより、もっと技術の指導をしてほしいんだよ！」と内心で叫んでいるに違いない。特に、できる男になろうとしている人、できる女になろうとしている人は、敬語や挨拶に気を使う暇があったら勉強しようと思っている。

しかし、ビジネス経験者は知っている。仕事ができないことより、敬語が使えないことの方が、ビジネスで失敗することを。誰もが当たり前のようにできると思われている「挨拶」が実はなかなか難しいことも。

「おはようございます」は、私の3歳の娘でもいえる。だからといって、彼女がきちんとした挨拶ができるかどうかは、また別の話だ。

挨拶をきちんとするには、それなりの心構えとスキル、経験が必要だ。相手に正対し、相手より先に、そして明るく、見て見ぬふりをせず面倒がらずに、毎日できてこそ、初めて「挨拶ができる人」となるのだ。

「できる」とは、能力がつくことではなく、日々絶え間なく「きちんと+する」こと。

要するに、簡単な仕事をなめてはいけないのだ。

結局、仕事ができる人は、多少の力の配分はするものの、どんな仕事もなめてかからない。

きちんとやることを大切にしている。

「できる人」と「すごい人」は違う。

「すごい人」は、天才的な能力に恵まれ、他がまねできない独特な成果を上げる。一方で、一般雑務やルーティンが苦手で、いわゆる常識的なマナーに欠如することが多い。そのようなタイプの人は、別に仕事をなめているわけではないが、その専門分野だけに集中しがちで、それ以外は「きちんとする」ことができない。

「できる人」は、常に自分のペースを保ち、それが比較的派手ではなく、特別なことをやっているようにも見えないが、きちんと準備して、抜かりなく問題を片付け、確実に成果を上げている人だ。

実は、会社であれ学校であれどんな組織でも、結局は、その人間の能力を見て評価しているのではなく、その仕事に向かう姿勢や態度を見ていることが多い。特に新人に対しては、物事に向かう態度が評価の基準となり得ることが多い。

物事に向かう態度や姿勢を、アティチュードという。フォロワーであるときは、スキルやノウハウよりも、アティチュードが圧倒的に大切だ。

なぜなら、リーダーになれば、自分の組織という意識が高くなるため、大半はアティチュードは高いレベルで保たれる。しかし、組織に対してあまり忠誠心や帰属意識がわかない人間だと、仕事一つひとつに心が込もるはずがない。少なくとも、リーダーよりもその作業に魂は込められない。

アティチュードで大切なのは、質である。質の高いアティチュードとは責任を持ってやること。責任を持ってやることとは、そのものに対して、準備し、実行し、改善するという三つのフェーズが組み込まれていることである。

では、そのアティチュードの質がどのような場面で影響するかを考えてみよう。

準備段階：「あらかじめ言ってくれれば、私だってやりましたよ」

実行段階：「時間がもっとあれば、私だってきちんとできたのに」

改善段階：「え、すみません、前回はどうやったか忘れました」

上司と新人との会話でありがちな発言だ。

多くのフォロワーは、真ん中の「実行フェーズ」だけが自分の責任だと思っている。課された仕事を「やる」だけ。そういう姿勢でいると、準備を怠り、次につなげようとしない。

だから、その仕事の周辺にある課題にも気付かなければ、時間配分もできない。なおかつ、やりっぱなしで、引き継ぎや次への改善の発想など浮かびもしない。やっかいなのは、それでいて、「やりました感」「できました感」が強い。

責任を持つということは、準備に責任を持ち、実行に責任を持ち、改善に責任を持つことだ。この三つのフェーズ全てに責任を持つことができれば、それがどんな雑務であっても己の魂が宿り、こだわりが現れる。そして、アティチュードの質は自然と上がり「真のできる人」につながるだろう。

アティチュードの質が低いということは、「きちんと＋する」ことにリスペクトできない証拠である。

フォロワーの段階で、誰でもできる簡単な雑務に心を込めて行うことの難しさや大切を学んでおけば、いつか、リーダーになった場合にフォロワーのアティチュードの質が分かる。これは、ビジネススクールでは教えてもらえないし、学ぶこともできない。

なぜなら、ビジネススクールは、誰でもできるようなアティチュードが試されるようなフォロワーのタスクをやる場ではないからだ。

もし、フォロワーとしていわゆる雑務に魂を込めてやった経験があれば、自分がリーダーになったときに、自分の部下の本気度が分かる。一度、同じフィールドで本気になった経験は一つの基準軸となって部下たちのアティチュードの質を測ることができるのだ。

要するに、ビジネスマンとして仕事ができるようになるということは、ビジネスマンとしての知識やスキルを手に入れることではない。「きちんと＋する」を継続させることなのだ。

フォロワーは、無駄だと思える雑務をたくさんやれるチャンスに溢れている。実はどんな組織でも、意味があるのかどうか不明な仕事というものが存在する。それが組織だ。ずっと続いている慣例であったり、文化が残っている。もちろん、プロセスの中で立ち消えるものもあれば、長年続いていく儀礼的な仕事や雑務も少なくない。それが掃除だったり、日誌だったり、挨拶だったり、ミーティングだったり、飲み会だったり、と。

意味があるかないかを、追求することは実はとても難しい。なぜなら、作業自体が同じでも、その背景や環境に応じて、その作業の位置づけや目的が変わってくるからである。意味のあるなしを、組織全員が共有することは不可能に近く、往々にして解釈を履き違える。

フォロワーとしてのチャンスは、失敗やチャレンジを思い切ってできることだけでなく、そうした雑務をする機会を与えられていることだ。リーダーになってしまうと、一見無駄なように思える業務に触れる機会をほとんど失ってしまう。

例えば、ある会社で、新人は毎朝、誰よりも早く来て、掃除をするという文化があるとする。床のごみを捨てて、部署の全メンバーの机を雑巾で拭く。

誰もいないオフィスで半眼を擦りながら、「なんで、オレが、他人のデスクまで拭かないといけないのか」と思うのが普通である。普段は、自分のことは自分でやれと言いながら、何で掃除はオレにやらせるのか……と不満たらたら。

そう思いながら掃除をしていると、なんとなく先輩たちに気持ちよく挨拶ができない。

すると、その先輩からは「この新人は、挨拶ができない奴だ」と評価される。これが悪循環のパターンだ。

フォロワーとして仕事ができるとは、正当に理不尽を受け入れることでもある。これは、仕事をこなしていく上でとても大切なスキルだ。

なぜなら、顧客とのやりとりの中では、そうした理不尽や非常識に思えることがたくさんあるからだ。一方で、こちらの常識は、あちらの非常識となることだって大いにあり得る。大切なのは、お互いがそのギャップを認識して、調整していくこと。

どんな組織にも、理屈では説明できない文化がある。それこそが組織のアイデンティティになっている場合も少なくない。

フォロワーとして己を成長させるとは、言い換えれば、全てを受け入れることである。そのためにも、組織の末端にいる一人間として、フォロワーであることの優位性を基礎認識として持っておくことが大切と言えよう。

プロジェクト化＝仲間と共に

自分だけでなく、仲間と共に成長したいという意思があるというのは健全である。

仲間と一緒に成長したいと思った場合、最も簡単な方法は、組織に存在する課題をプロジェクト化することである。

いわゆる組織の業務として成り立っているプロジェクトではなく、外野でプロジェクトを立ち上げるイメージだ。

プロジェクトには、必ず期限がある。また、目的と目標が明確でメンバーが共有していることが大切だ。テーマは何でもいい。誰とやるかについても、プロジェクトメンバーというのは、出入りが自由というのがメリットの一つである。気の乗らない人、合わない人は、気軽に去ってもいいし、気に入ったら別のメンバーを連れてきても構わない。

ただ、同じ組織にいるから仲間と呼び、結束が生まれるかといえば、そうではない。大切なのは、時間と空間、想いを共有することである。

漠然とした課題でも、プロジェクト化すれば、なんとなく、やりがいが生まれる。それは、期限ができることで、緊張が生まれ、具体的な目的と目標ができることで、責任が生まれるからだ。

自主プロジェクトのメリットは、成果に対する当該組織やリーダーからの評価を一切受けないことである。要するに、自由に発想し、自由に行動、やめようががんばろうが、誰からも制約や制裁を受けることのない、フリーな立場であるからだ。

やりたければ、やる。それは、どんな理由でも構わない。

また、このプロジェクト化に必要なのは、基本的に当該組織上のリーダーを入れないこと。

ここはあくまでも、フォロワーだけでプロジェクトメンバーを組んだ方が良いだろう。もし、そのプロジェクトに当該リーダーが参加表明をしてきたら、こっちのものだ。肩書きを逆転させればいい。そうした方がうまくいくはずだ。

なぜなら、そうしないと、普段の上下関係、通常の業務の延長となりがちで、形式的なプロジェクトとなる。コツとしては、プロジェクト化を極秘にしておくことも良い。

例えば、ある仕事場でのお話。
A：最近、うちの部署、不況の打撃を受け、忙しさが増しているにもかかわらず売り上げも上がらない。だから、オフィスは溜め息ばかりで元気ないなあ。
B：じゃあ、わたしたち三人で「元気プロジェクト」を立ち上げてみない？
C：いいねえ、最近、会社がつまんなかったから、どうやったら元気が出るのか真剣に考えてみるのもいいね。
B：けれど、そもそも、人が元気を出すのに、理由っているんだっけ？　人が気分が良くなったり、元気を出すのに、理屈はいらないよね。だって、わたし、どんなに落ち込んでいても、ドーナツ食べれば幸せになるもん。

A：ああ、そういえば、オレもどんなに疲れていても、風呂上がりのビールをくいっと飲めば、ニヤニヤしてるなあ。

B：じゃあ、この職場でできることってなんだろう？　とにかく、なんかこの不景気のいやな雰囲気を吹き飛ばすために、何か変えればいいんじゃあない？

C：ああ、そうだね。オフィスに音楽を流したり、花や絵を飾る。あと、気分転換に座席の配置換えをしたり、朝のあの眠い会議をスタバでやるとか。そういえば、D君って飲み会でよく手品やるけど、それを休み時間にステージを作ってやってもらうとか。

B：いいねえ、だったら、Dさんもこのプロジェクトに入れようよ。

C：いいね。じゃあ、今からメールしてみよう。

B：期限は、あまり長くても意味ないから、特に理由はないけど、来月のわたしの誕生日までっていうのはどう？

A：ずるいねえ、そこで、誕生日を祝ってもらおうっていう作戦？　まあ、いいか。どうせ、彼氏もいないんだろうから、みんなで誕生日会をプロジェクト打ち上げ会と一緒にしよう!

ほんの簡単な例だが、こうした具合に非公式のプロジェクトができれば、自然とアクションを起こしやすい。

プロジェクト化によるメリットは次のようなものである。まず、自主的に発案してプロジェクトをスタートすることで責任感が生まれ、期限を決めることでやりがいが生まれ、一つのことをやりきることでメンバー同士の一体感が生まれる。もちろん、通常業務や活動でできれば問題はないが、組織の本来の業務であれば、組織が必ず責任をとらなければならない。非公式のプロジェクト化の利点は、外部に対して原則的には責任がないことだ。先の元気プロジェクトが失敗しても、誰からも咎められないように、要するに、気楽であり、いい加減なのである。

ぜひ、皆さんにも、試してもらいたい。

フォロワーとしての自覚とプライドを持つ

再三言及してきたが、組織においてフォロワーであることは、成長を図る上でとても恵まれたポジションである。しかし、実際にそのメリットを自覚し、享受している人がとても少ないのが現状だ。それは、これまで多くの組織では、誰もがリーダーになることが最終目標であるかのように育成され続けてきたからだろう。

持論であるが、あえてリーダーを目指さず、フォロワーに徹することに誇りを持って、フォロワーとしての役割を全うするというプライドを持った人たちにも焦点を当てるべきだと思う。今こそ、あまり表舞台に立たない陰の立役者が、組織の本当の危機を救い、確固たる基盤を作るのではないかと感じている。

しかし、実際は、フォロワー本人にそうした自覚があったとしても、それだけでは真のフォロワーは育たない。組織がきちんとフォロワーを評価し、プライドを持続させ、役割を機能させる土壌を整備することが必須である。そうでなければ、恐らく、これまで通り誰もが不自然に違和感を抱きながらリーダーというポジションを目指していくだろう。

いつの日か、フォロワーが普通に、かつ、自然体でリスペクト（尊敬）されるような組織が、バランス良く活躍していることを期待したい。

第7章

フォロワーが考える
リーダーシップ論

フォロワーによる組織変革

本章では、一般にいわれるリーダーシップ論とは全く違った角度であるフォロワーの立場でリーダーのあり方を考察してみたいと思う。一般的にはなじみが薄いかもしれないが、実はさまざまな場面で必要な視点である。

フォロワーがフォロワー自身のことよりも、リーダーのリーダーシップに重点を置く状況とは組織がどのような状態だろうか。端的に言うと、フォロワーがリーダーを成長させなければならない状況だ。それは、リーダーの世代交代であったり、己のリーダーシップを十分に発揮しきれていないリーダーを持つ組織に当てはまるだろう。

世代交代でのリーダーシップ

旧リーダーと新リーダーの世代交代がその最たる例である。若いリーダーが完璧でなくても、組織としては将来を見据えて新しいリーダーを育成していかなければならない。

日本の企業であれば、高度成長期に日本経済の基盤を作り上げた多くの企業の創始者は、後継者への引き継ぎにとても苦労した。とにかく目の前の日本復興だけに精一杯突っ走った後、息が切れた状態で次の世代にバトンを渡す。誰もがバトンの渡し方を教わったこともなく、ただただ思いを込めて渡してきた。

陸上競技のリレーのように、会社組織でも、バトンの渡し方は企業間競争においてとても重要なスキルである。

リレーのランナーには、バトン渡しだけの練習があり、レース前には必ずバトンを渡す際のお互いの間合いを入念にチェックする。

しかし、企業やチームのリーダーの世代交代では、リハーサルも事前の入念なチェックもなかなかできない。

そんなときこそ、フォロワーがリーダーのリーダーシップを考えなければならない。優秀なフォロワーに、新リーダーのスタイルにあったリーダーシップをうまく発揮させるための努力が求められる。

世代交代の目的や方法は組織によってさまざまであるため、唯一正しい解は出せない。しかし、世代交代をする上での最大公約数をあえて掲げるならば、良き財産、良い風土はできる限り継承し、かつ、悪しき文化を破壊し、新しい叡智を築くことではないだろうか。

要するに、温故知新である。

言うは易しであるが、これを実現するのは難しい。もちろん、世代交代のノウハウはなかなか手に入らない。どの組織も苦労していることだろう。これは、企業に限ったことではなく、スポーツのチームや自治会や町内などの街づくりにおける地域活動でも同じだ。

世代交代に関して、ラグビーの祖国、イングランド代表元主将・マーティン・ジョンソン氏は次のように述べている（２０００年、英国レスター市、インタビューより要約）。

――世代交代で大切なことは、まず、新しいリーダーを既存の組織のルールに従わせること。もちろん、既存の組織のやり方が全て正しいとは限らないが、最初は必死に学ばせる。同時に、既存組織の年配陣は、新しいリーダーの考えや文化を細心の注意を払いながら吸収しようと努力する。新しい組織の価値基準を作っていくのは、実は、経験と余裕のある既存組織の年配陣の方だ。また、成果が出ても新しいリーダーには簡単に満足させてはならない。一選手としての成果、リーダーとしての成果の両方が顕著になってはじめて認めてあげる。役割に対する責任への厳しさは、最初に叩き込まなければ、後になっては教え込むことができないからだ。それは、言葉だけでなく、雰囲気でも感じてもらうことが大切だ。緊張感の中で継承しなければならない。――

これは、世代交代の一つのヒントとなるだろう。

大切なのは、新しく加わる側と既存メンバーの両者が、適度な緊張感の中で、学び合いながら新しい組織を作り上げていくことである。

リーダーのプライドコントロール

組織に対する忠誠心が高く、かつ、経験知も豊富なフォロワーが、純粋に組織を改善、成長させたいと考えたとき、リーダーや組織全体に対する要求が高くなるのは当然である。だからといって、いくら正しいことでも、自分の立場を飛び越えて、闇雲に行動するのは逆効果だ。リーダーが最も傷つくのは、リーダーとしてのプライドを傷つけられることである。実際、プライドや面子さえ担保してあげれば、リーダーというのは基本的にご機嫌だろう。

フォロワーというのは、己の立場やリーダーとの関係をわきまえて行動しなければならない。その際のちょっとしたエチケットをご紹介しよう。

まず「正論は刃物」だと思うこと。

例えば、組織に歪みを感じる。そして、その歪みをリーダーにぶつける。誰しも、正しいことを指摘されるといい気分ではない。なぜか。組織を正論通りにするために、リーダーは日々、四苦八苦しているからだ。

「言われなくても、私が一番分かっている」というのが、リーダーの本音だろう。だからといって、組織が正しい状態でないことを、リーダーがあえて公言することも得策ではない。評論家と同じになるからだ。

正論は、人を傷つけやすい。

「この組織は、ここがおかしい！　皆さんも、そう思いませんか！」

特に、組織の中で正論を公然と声高らかに吐くことは、リーダーと集団全体を痛めつけるかもしれない。

一方で、リーダーの耳元で正論をささやく。小さく、控えめに。

「なんだか、ここ、ちょっとおかしい気が……」

これは、リーダーの新たな気づきになるかもしれない。そして、組織の勇気に変わる可能性も秘めている。

要するに正論や論評は使い方である。正論自体が正しいのではなく、正論はツール（道具）として利用するのが望ましい。

フォロワーのもう一つのエチケットとして、「要望」は「質問」へ変換すること。企業でも一社員がもっともらしい意見を訴え続けていると、往々にして生意気だと思われる。

「このルーティン（作業）は、無駄なので、なくしてください！」

たとえ、それが正しいとしても、組織の中には礼儀というものがある。もちろん、直球で要望することを歓迎するリーダーもいるが、多くはない。仮にそうしたリーダーであっても、単なる要望ではなく、リーダーに本質的、かつ、ポジティブな質問をして、お互いの認識を深めあう方が、お互いにとってハッピーである。

「このルーティン（作業）について、もっともっと効率化を図りたいと思っているんですけど、何かいいアイディアありますか？」

どんなに小さなことでも、問題提起して、改めてメリットや効率化を熟考する中で、無駄か否かを判断し、合意の下で改善されることがベストな解決方法と言えよう。

ポジションリスペクト

リーダーの言っていることが納得できない。

組織では不滅のフレーズだ。もし、こうした思いを抱いたときに、まず考えなければならないことがある。

それは、リーダーの立場になってあげることである。そして、その立場に敬意を払うこと。それがポジションリスペクトだ。これも、リーダーのプライドコントロールの一つの考え方である。

リーダーは、下の人間の立場になって考えるべきだとよく言われる。確かにそうだ。自分の視点だけで指導や指示をしても、うまく理解してもらえないこともある。

一方で、フォロワーに対して、リーダーの立場になってものごとを考えろという暗黙知はない。

そもそも、リーダーは下の者の気持ちになって言動してくれる人が望ましいという甘えがある。一方で、部下の気持ちを掴めない上司はダメ上司と呼ばれるが、上司の気持ちを分からない部下はダメ部下だとは言われない。

リーダーは自分だけの力で、自分の言っていることをフォロワーたちに理解してもらわなければならない。フォロワーが理解できないのは、リーダーとしての力量が足りないという結論をつけやすい。

誰もが分かっていることであるが、最も理想的なことは、お互いが分かり合っていること。

これに、フォロワーが努力することも重要である。

まず、相互理解ができない、あるいは難しい理由を論理的に説明すると次のようになる。リーダーたるもの、その発言に責任が生じるため、組織としての言動をするべきか、その人自身の個人的な考えで言動をするべきか、とても判断が難しい。

リーダーは、個人としての思想だけで行動できない。リーダーの立場や役割が別の人格として、言動を制限してしまうからだ。例えば、自分の部下やフォロワーと議論をしている際、本当は分かってあげたい、君の言うとおりだ。私個人であれば、全く賛成なのに。しかし、今の私の立場では、反論やダメ出しをしなければならない……。つらいなあ、といったケースだ。

こうした場合は、必ずといっていいほど、理解をしてもらえない。部下が上司の立場になることは、簡単ではない。しかし、優秀なフォロワーになるためには、それができなければならない。

その際の一つのコツが、ポジションリスペクトである。簡単にいうと、リーダーそのものの人格ではなく、リーダーという立場（ポジション）に敬意を払う（＝リスペクトする）こと。

実際にリーダーに不平不満があっても、そのリーダーの立場になって冷静に考えれば、やはり致し方ないと思えることは少なくない。結局、自分がリーダーになったときに、全くそのリーダーと同じことをやってしまうようなケース。自分がリーダーになって初めて気づくリーダーとしてのジレンマや辛さがそれである。

そんな悩むリーダーに対して、ポジションリスペクトができるフォロワーが多くいてくれれば、リーダーは己のリーダーシップを発揮しやすい。

よくあるパターンが、フォロワーが組織に対して、新しい提案や今までやったことのない異例の提案をした場合。

リーダー自身も、自分が現場にいた若いころを思い出すと、若手の提案に大賛成だ。しかし、今の会社の現状からすると、イエスと言えない場合だってある。イエスと即答できないからといって、単なるノーではなく、「もう少し、待て」なのか「じっくり根回ししよう」なのか「アプローチや言い方を変えろ」なのかさまざまなケースがあるのだ。

ポジションリスペクトの効果が発揮されるのは、企業や団体などの大きな組織だけではない。実は、親子間、家族間、夫婦間でも、大いに有効だ。

例えば、いわゆる中流家庭に生まれた娘。結婚したいお相手は、会社経営者で20歳以上も年上のバツイチの男性。

父親は都心の大企業に勤め、出世街道に乗り、現在は常勤の役員クラス。両親は閑静な住宅街に住み、母親は近所の裕福な奥様方とのコミュニティの中で日々楽しく過ごしている。

二人の結婚は、当然のように娘の両親から反対されており、交際して5年も経つのに、一向に会ってもらえない。両親の反対の理由は、親と同世代ともいえる彼氏の年齢、年の差から生じる娘や子どもが生まれた場合の将来への不安など。

当然、娘もその両親の心配はよく理解できる。だからといって、理屈で反対されることに、いささか嫌気や怒りも芽生えてきた。

実は、親が反対する理由は、論理的なものだけではない。娘が幸せになってくれることが最も大切と思ってるのは、どんな親にも共通していえる。一方で、親の立場として反対しなければならない理由があるのだ。父母共に、それぞれのコミュニティに対する娘の結婚話をする際の体裁がある。

例えば、母親にとって、娘の結婚までの経緯が、聞いているだけで誰もが幸せになるようなストーリーになれば、近所の奥様コミュニティに対しても、胸を張って話せるだろう。そのためには、必ずいったんは、親の立場として、誰もが心配と思うようなことに反対しなければならない。

母親にとって最高のパターンは、奥様コミュニティでこう話している姿である。

「私も最初に話を聞いたときは、娘のことを思ってすごく反対したのよ。けれど、それから時間をかけて二人の姿を見てると、とても幸せそうに見えてねえ。その彼も、なんだか、どんどん若返っている気がしてね、もう今ではまったく心配ないわ」

娘は、反対される時点で、論理的な反対理由と共に、親が関わるコミュニティにおける立場（ポジション）にも、リスペクトする必要がある。そうすることで、余裕を持って、時間を過ごすことができるだろう。

ポジションリスペクト。これも、筆者の造語であるため、一般的には言われていないが、リーダーに不満があるときに、ストレスの矛先を切り替えるちょっとしたスイッチとなれば、組織の多くの人がハッピーになれるかもしれない。

リーダーに思い切り自分らしさを出して組織を引っ張ってもらうために、フォロワーとしてできることは、リーダーの個人としての思想と役職人格としての言動のバランスを理解してあげることである。

リーダーを交代させる

フォロワーがリーダーシップを考えなければならないネガティブなケースがある。それは、どうしようもないダメなリーダーを持ってしまった組織である。例えば、天下りであったり、派閥争いであったり、また、うまく組織内政治を利用してズルい昇進を成立させたリーダーを迎え入れる組織である。

企業が壁にぶち当たり、なんとか部下だけの力で困難を乗り切れそうなところに、往々にして、そのようなダメリーダーはやってくる。ありがちなのは、何もしていないのに、その最後の手柄だけを持っていくダメリーダー。

もっと最悪なのは、組織の上層部がその実情を知らずに、ダメリーダーの声高な主張に騙され、彼に高い評価を与えてしまうことだ。もちろん、そんなダメリーダーに限って手柄を持っていくときの主張は天下一品である。

その他、組織のビジョンを示してくれない、フォロワー自身の実力が発揮できない、やる気をダウンさせる、無駄な仕事が増える、うまくコミュニケーションが取れない、組織としての成果が出ないなど、言い出せばきりがないだろう。

ダメなリーダーを組織に迎えるのは、フォロワーとしてはとても悲しく残念なことである。これらに似たような話は意外と多い。では、このような場合、フォロワーたちはどうすればよいのか？

極論するならば、反乱を起こすこと。クーデターやボイコットを通して、フォロワーが力技でリーダーを代えてしまう。もちろん、それにはたくさんの必要条件がある。

参考になる事例や具体的な話は控えたいが、一つの大きな条件としては、組織におけるパワーバランスの中で、フォロワー側が優勢であることが挙げられる。だからこそ、原則として、常日頃からフォロワーがそれぞれしっかりと存在意義を認識し、フォロワーシップを発揮しておかなければ、いざというときに戦うことができない。

要するに、フォロワーがフォロワーシップを発揮していくということは、フォロワーがリーダーシップを発揮していくことにも繋がるのである。

組織から立ち去る

最終的に、組織の中で自分のアイデンティティ（存在価値）を見出せなかったら、そこから立ち去ることが正解だ。

しかし、だからといって早まってはいけない。なぜなら、そう簡単に自分の価値やアイデンティティは、見出せるものではないからだ。

例えば、企業に入社したとする。半年や1年そこらで、新入社員の存在意義が確立されるはずがない。10年後の将来はともかくとして、もし、3ヶ月の時点で真の存在意義が新入社員の全員に生まれるとしたら、その組織はある意味リスクが高いといっても過言ではないだろう。なぜなら、企業側は、新入社員の個としての存在価値を組織のどの部分に組み込むかを、ある程度時間をかけて見定めていかなければならないからだ。

多くの企業が、入社3年を一区切りとするのは、それが見定め期間だからである。もちろん、時代の流れや社会全体のスピード化の影響により、3年というスパンは長いという意見も否めない。したがって、最近では企業側も3年という一区切りを四半期や半年という設定にしているところも少なくない。しかし、個が組織になじむスピードとしては四半期や半年は早すぎるだろう。

ある程度の見定め期間を経て、それでも組織に対して存在価値を見出せなかったら、最後の切り札を出すべきだ。そうした状況下であれば、結局はリーダーにとってもフォロワーにとっても組織にとっても、脱退することが全てに対して最もメリットがあるはずだ。

その際は、勇気を持って、外へ踏み出してほしい。

あなたが知らない素敵な組織は、世の中にたくさん溢れているから。

終章

これからの時代のリーダーとは

優れたコーチの共通項

本章では、私が日本ラグビーフットボール協会のコーチングディレクターという役職を務める中で見えてきた、中長期的に強いチームを育てることができる優れたコーチの共通点を述べていく。

「これから求められるフォロワーシップ型リーダーの行動モデル」として、参考にしていただければと思う。

勝利よりベストを尽くすことを評価する

優れたコーチほど、目の前の勝利だけにこだわらない。

「勝て、勝て」とすぐに結果を求めるのではなく、その選手にとってのベストを尽くすことを評価軸に置く。

選手が成長するために何が課題なのか。そして、その課題を乗り越えるために、今日の試合でなすべきことは何なのか。

問いかけながら、選手自らが考えるように促す。

選手が自信を失っていたり、不安を抱いていたりするならば、すかさず「期待」の言葉で奮い立たせる。

「お前は大丈夫だ。このくらいの目標は十分に挑めるぞ。それほどの実力はすでに備えている」

そんな言葉で励ましながら、本人が自分自身にかけている期待以上のポテンシャルを持っていることを気づかせるのが非常にうまい。

優れたコーチほど、自らの役割が「選手が自分の力を信じてベストを発揮するためのサポーターである」ことを強く意識し、日々の行動に活かしている。

一対一のコミュニケーションを大事にする

2015年ラグビーワールドカップで強豪・南アフリカ代表を破るという快挙を遂げた名将、エディー・ジョーンズは、どちらかというと、強力なトップダウン型のリーダーだというイメージを持つ人が多いのではないだろうか。

当時テレビでよく流れたのは、彼が練習中のグラウンドで強い言葉で選手を指示し、怒鳴りつけ、鼓舞するような場面だった。

しかし、それは彼のほんの一面でしかない。

私はたまたま目撃し、本人にも確認したのだが、彼は合宿中の毎回の食事で、選手全員とできる限り話すように心がけている。特に大事な試合の直前合宿の初日と2日目には、選手と一対一の会話をする機会を意識的に作っている。

食事というインフォーマルな場で冗談を交わしながら、時に真剣にアドバイスをしたり、エディーのほうから選手に質問したりと、様々な役回りをしながら選手全員と一対一のコミュニケーションをとっている。

この場面を知らずにエディーのスタイルを真似ようとしたら、ただ怒鳴り散らすだけの間違った模倣をしてしまうかもしれない。当の本人は、怒鳴り散らした後に、きめ細かな気配りで選手を励ましているのだから。

このシーンが世間的にあまり知られないのは当然のことだ。選手一人ひとりにとっては、エディーの行動は「自分だけに語ってくれた個別のコミュニケーション」でしかなく、彼がそれを他の選手にもやっていることまで把握する余裕はない。エディー自身が「実はこんな気配りをしている」と自ら披露することもないだろう。

彼の行動に気づいた私は、本人に聞いてみたことがある。「それは意識的にやっているのか?」と。

エディーは頷いて即答した。「この合宿では、特にコミュニケーションが大事だと思っているから」

さらに聞けば、以前は「どの選手と会話したか」をセルフチェックするためのリストも作っていたという。

「部署のメンバー全員と言葉を交わしたか」を毎日チェックしている部長は、日本に何人いるだろうか。

それくらいエディーは本気だったということだ。

嫌われることを恐れない。そしてフォローもする

選手を育成する先に見据えるゴールは、選手自身の成長であり、チームが目標としている成果の達成である。

このゴールの達成のために、言うべきことはハッキリと伝え、自分の責任で決めなければいけないことは即決するというのが優れたコーチの特長だ。

人は誰でも他人に好かれたいという気持ちがあるから、反発や批判はできるだけ遠ざけたい。でも、心から成果を望むのであれば、そうは言っていられない場合も多々ある。スポーツのトレーニングは典型的で、心身を限界まで追い込むからこそ獲得できる成長を見込んで、過酷な課題を突きつけていく。嫌われても、恨まれても、選手とチームの成長にとって必要な道筋となれば、やるしかない。

まさに崖から子を突き落とすような行動なのだが、優れたコーチは「突き落としっぱなし」には決してしない。「どの場面でどういうふうにフォローするか」まで計画して、バランスを取っていることが多い。

ちなみに、私自身の監督経験を振り返ると、人事、すなわち選手選抜に関しては即決することをいつも心がけてきた。

人事というのは他人からの批判を気にし出すといつまでも定まらないものだが、決めるときは決めるのがリーダーの責務だと考えていた。たいていのことは選手に任せることに徹していた私が唯一、〝強力なリーダーシップ〟を発揮していた場面かもしれない。

嫌われることを恐れないという資質は、上に立ち、結果を出すためには不可欠だと思っている。

「君がコーチならどうするか？」

何を目指し、何をすべきか。この二つをすぐに与えてくれる上司がいたら、部下は何も考えなくていい。

その時はラクで居心地がよく、「いい上司に恵まれた」と思うかもしれない。しかし、それではいざ自分がリーダーとなった時に戸惑うだけである。どう目標を見つけ、どう達成したらいいか、自ら決める訓練をしていないからだ。

優れたコーチは、たとえ時間がかかっても、「君がコーチだったらどうするか？」という問いかけを続ける。

もちろん、自分が答えを出した方が早いに決まっている。短期的には出るはずの成果も出せず、歯がゆい思いをすることもあるだろう。

しかし、その間もずっと「君がコーチならどうする？」という問いかけを続けていくと、選手たちはいつのまにか〝リーダーの模擬体験〟を何度も経験することになる。

結果、いざ本当にその立場になった時に、「今までずっと考えてきたことを実行すればいいだけ」という準備ができている。いつの間にかリーダーが育っているのだ。

たった一人のカリスマに頼らない、持続的成長が可能な強いチームができあがるレシピである。

一つの方法にこだわらない

熱心な人ほど陥りがちなのが、「自分はこの方法で行く」と決めた瞬間から、その方法に固執してしまうという失敗だ。

経験上、リーダーが身につけるべき資質の一つが、状況に応じて自分の立ち回りを変える柔軟性である。成果にこだわれば、自然とできる振舞いであるはずだ。

「自分のやり方」を一つの型に決め込まず、時には押し、時には引き、支え、待ち……といろいろな型をもって動き回る。

すると、様々な状況に応じた戦法をとれることになり、環境の変化に対する耐性も備わっていく。

ワセダラグビー部の監督を退任した時、雑誌の企画で「清宮・中竹比較」という特集が掲載されたことがある。

記事の中で、清宮監督の下で2年、私の下でも2年、コーチを務めていた人物がインタビューに答えていたのだが、彼は「結局、両監督とも同じでした」と言っていた。

世間一般のイメージでは真逆のタイプと言われてきたので、同席した編集者も驚いたようだ。あの清宮監督と同じと評されるとは、私にとっては光栄な賛辞でしかないのだが、元コーチはこう続けていた。

「日本一というゴールに向かって、様々な武器や技を出したり引いたり。振り返ると両監督は同じ考えで同じようなことをやっていたように思います」

"I don't know." と言える

「選手に教える」よりも「自分が教わる」という意識が先に立つ。

これは、優れたコーチに共通する最も重要な資質である。

単に謙虚であるとか、姿勢だけのレベルではない。

毎日のトレーニングや試合の後に、自身のコーチングや指導について選手からフィードバックを受ける場を設けたり、個別にヒアリングをしたりと、行動レベルで実践している。コーチが自ら頭を下げ、「教えてほしい」といって学ぼうとする気概は、選手にもストレートに伝わる。「プライドを捨ててまで学ぼうとしている。それほど成果を出すことに本気なのだ」と。

選手の意見を何も聞かずに君臨するコーチよりも、かえって迫力を感じるのではないだろうか。

学ぶことに貪欲であれば、"I don't know."も素直に言える。コーチから「分からないので教えてくれ」と言われた選手は、「教える」という経験を通じて組織に貢献することになる。チームづくりのステージに立っている、という実感が、結束や連帯感を強めることにもなる。

筋書きを巧みに描きながら"I don't know."を言えるかどうかが、成果に結びつく。

私自身の試行と成果、そしてこれから

優れたコーチに見られる共通項について述べてきたが、最後に、フォロワーシップを実践し、磨き続けていくことを自分に課している私自身の試行と成果についても報告しておきたいと思う。

ワセダラグビー部で二連覇を果たした後、私は日本ラグビーフットボール協会の初代コーチングディレクターに就任した。

ミッションは、全国のラグビーコーチのレベルアップを図ること。

当初、協会からいただいたのは「全国共通で早く浸透できる指導システムや強化方針を打ち出して、トップダウンで各地に広めてほしい」というオーダーだった。競技団体の指導というのは、往々にしてトップダウン型である。

1ヵ月ほど考えて、私は協会に申し出た。

「新しいことを広めるからこそ、ボトムアップ型のフォロワーシップでやっていきたい」

それから全国各地のラグビーチームを訪れ、「一緒に考えましょう」と言って回った。現場の声を聞くという姿勢が歓迎されるかと思ったら、決してそうではなかった。

「協会の指針はないのか」

「決めてくれないと動けないよ」

相手は私よりずっと年上のベテランコーチばかりだ。私は根気強く言い続けた。

「主役は皆さんです。知恵を集約して答えを見つけましょう。時間はかかりますが、共に作りましょう。僕は一緒に考える場を作りにきました」

「私が『これをやってください』と示せば、皆さんは選手に同じように『これをやりなさい』とおっしゃると思いますが、それでは選手は絶対に伸びません」

「唯一の指針は、自ら考え、自ら勝てる選手を育てるために、自ら考えるコーチを育成することです。選手ではなく、まずは我々コーチが成長しましょう」

地道に地方を回りながら、同じことを言い続けて2年経った頃。だんだんとコーチ同士が学び合い、指示ではなく選手自身に考えさせるための問いかけの言い回しを工夫するような行動が見えてきた。

私はステップを進めた。

「私が皆さんと交わす対話、プロセスを、選手と一緒にやってみてください」

現在では、協会に所属するコーチ一人ひとりが、「日本ラグビーの発展」という目標を自分事として据えながらコーチングを行うという、非常に強い基盤が整いつつある。

私自身にも学びがあった。

それまでは学生の統率しか経験がなく、年配の先輩方の上に立つという経験は初めてのことだった。背伸びせず身の丈のまま、「知見を出してください」と請うスタンスで臨んでいいのだということを知った。

この学びは、シニア雇用が増える日本の産業界でも応用できるだろうと考えている。

さらにその後、2014年にU20日本代表のヘッドコーチに就任してからは、もう一度、私自身のフォロワーシップを磨き上げることに集中した。

フォロワーシップの核となる「いかに選手たちに任せられるか」をどこまでバージョンアップできるのか。それが、自分自身に課した大きなテーマだった。

ラグビーチームの監督にとって、いかにも〝監督らしい〟振舞いとして満足できるシーンの一つが、試合の直前、ロッカールームで選手を送り出す時の言葉だろう。

私もワセダラグビー部時代は伝える言葉を念入りに準備し、「今日はいい言葉で送り出せたな」と満足したり、しなかったりということがよくあった。

しかし、U20では考えをイチから改めた。

チームが結成された日、初めて選手全員の前で話をした時、私はあらためて「フォロワーシップでやっていきたい」と伝えた。そして、「究極的には、試合の日、ロッカールームで何も言わず君たちを送り出したい」と付け加えた。

試合前に、選手全員が耳を傾ける最後の言葉はとても重要だ。時に試合の結果を決めるくらいの力を持っていると思う。

しかし、よく考えてみたら、そんなに大事な言葉ならば選手自身に言わせたほうがいいに決まっているではないか。

「このチームの成果は、すべて皆の力でつくるものにしたい。だから、最後にぼくはロッカールームで無言で君たちを応援したい。そこに向かって一緒に頑張っていこう」

そして迎えた2015年のワールドラグビーチャンピオンシップ。約束通り、ロッカールームではキャプテンが最後の言葉を締め、私はグラウンドへと駆けて行く選手たちの背中を見送った。その90分後、彼らは初のトップテン入りという素晴らしい結果を出して、日本中のラグビーファンを沸かせた。

当日、監督である私は本当に何もしていない。ハーフタイムも自分たちで解決する彼らの成長が心から嬉しかった。

そして、私自身がかつては考えつかなかった境地でフォロワーシップを実践できたという、自らの成長も素直に喜べた。

学べば学ぶほど、どこまでも自分の成長を追い続けられる。

これこそがフォロワーシップの醍醐味なのだ。

かつて、カリスマ的リーダーシップが賞賛された理由は、優れたリーダーたちの表面的な一部の行動しか見えていなかったからだ。私はそう思う。「リーダーシップから、フォロワーシップへ」という言葉が意味するのは、「目に見えていた世界から、見えていなかった世界へ」というシフトなのだ。

この話をする時にいつも思い出すのが、天動説と地動説の話だ。16世紀半ばにコペルニクスが新説を唱えるまで、人々は皆、「太陽や月、宇宙にあるすべての星は地球を中心にして回っている」と信じて疑わなかった。

それは一見、そのように見えるからだ。

でも、その〝見え方〟を疑った瞬間、世界の常識は180度変わり、それまで説明のつかなかった様々なことが理解されるようになった。

大げさかもしれないが、同じようなダイナミックな転換が、今、人材育成の世界でも起きているように私は感じる。

この転換は、机上の研究だけでなく、現場でも確実に起きている。

本書冒頭でも述べた通り、私は自分の経験を生かす発信の場としてチームボックスという会社を立ち上げ、ビジネスリーダー育成のためのトレーニングを行っている。誰もがその名を聞いたことのある有名企業が（それも歴史のある成熟企業が多い）、「リーダーシップからフォロワーシップへ」のシフトチェンジに関心を持ち、実際にリーダー育成に採り入れる例は年々増えてきた。

勇気づけられるのは、トップダウン型のリーダーシップで実績を挙げてきたリーダーであっても、フォロワーシップを身につけられる例がいくつも出ていることだ。

例えば、創業53年のキノコ栽培・販売大手、ホクトで営業部隊の指揮をとってきた第一営業部長の三浦誠也氏。「とにかく売れ」と強く指示して鼓舞するスタイルで数値目標を達成してきたが、自身の部下育成法に限界を感じていたという。

同社が私のリーダー育成プログラム「Teambox League」を導入すると聞き、自ら率先して参加を希望し、マネジメントスキルを一から磨き直した。

三浦氏は「部下の話を聞く力が不足している」という自身の課題に向き合い、チームボックスのコーチと相談しながら、地道な改善を実行していった。

結果、チームの意思疎通が劇的に改善し、部下から意欲的な言葉も多く聞こえるようになったという。

強調したいのは、三浦氏自身が「リーダー自身が学び続ける」ことの重要性を強く認識していた点だ。三浦氏に限らず「自ら変わろうとする勇気と謙虚さを持つリーダーだけが進化できる」という事例を、私はいくつも見てきた。

もちろん本編でも述べているとおり、リーダーシップとフォロワーシップのどちらが正しいかを議論することは、全くもって無意味である。

短期決戦で確実な成果を、もしくは劇的な成長を求めるならば、強烈なリーダーシップのもとで完全なるトップダウン方式を採用することが最適であることは、言うまでもない。フォロワーシップを重視する私でさえ、いきなり公立中学校のラグビー部の監督を命ぜられ、1年で全国優勝を果たせという責任を与えられたならば、おそらく生徒の自主性に委ねるより、トップダウン方式でぐいぐいと引っ張っていく方法を選ぶだろう。

組織の成長ステージや達成すべきゴールによって、求められる人材育成法は変わる。環境によっても大きく変わる。

要は、一つのスタイルにこだわらず、いかに柔軟に「組織のために今、どう振る舞うべきか」を選択できるかどうかである。

そして、私には、さらなる予測がある。

メンバーシップ論の到来。

組織論の次なるステップだ。

リーダーシップからフォロワーシップ、そして、メンバーシップへ。

「誰がリーダーでどんな役割なのか?」「誰がフォロワーで何をするべきなのか?」の議論だけでなく、「なぜ、メンバーシップへ、なのか?」「このメンバーが持つ意義は何か?」「このメンバーで何ができるのか?」「組織の一員として何ができるのか?」を徹底的に問い詰める時代がやってくる気がする。

これは持論であるが、理想のメンバーシップとは、メンバー一人ひとりが組織に対して全責任を感じていること。責任感が何重にも重なり合っている状態だ。

リーダーシップやフォロワーシップの議論では、勝ち負けや成果といった組織命題が前提だった。要するに、どう勝つか、どう儲けるか、どう強くするかの議論だ。

一方でメンバーシップ論は、誰と勝つか、誰と儲けるか、さらには、誰と何をやるのかに論点は集中するだろう。いつの日か、そこを深めて議論してみたい。

今回、本書の執筆を通して、あらためて自らの立場を考える良い機会となった。

最後に、私自身がこれから成長を止めないために、目標を掲げて筆を置きたいと思う。

私の目標は、一人でも多くのリーダーにフォロワーシップという手法を伝え、この日本から、世界を舞台に活躍できるリーダーを送り出すこと。

挑戦は続く。私はまだまだ学べる。

そう信じられるだけで得られる人生の楽しみ方を、これからも伝えていきたい。

２０１７年12月

中竹竜二

［著者］

中竹竜二 なかたけ りゅうじ

株式会社チームボックス代表取締役
一般社団法人スポーツコーチングJapan代表理事

1973年、福岡県生まれ。早稲田大学人間科学部に入学し、ラグビー蹴球部に所属。同部主将を務め全国大学選手権で準優勝。卒業後、英国に留学し、レスター大学大学院社会学部修了。帰国後、株式会社三菱総合研究所入社。2006年、早稲田大学ラグビー蹴球部監督に就任。2007年度から２年連続で全国大学選手権優勝。2010年、日本ラグビーフットボール協会初代コーチングディレクターに就任。2012年より３期にわたりU20日本代表ヘッドコーチも兼務。2019年より３期理事を務めた。2014年、企業のリーダー育成トレーニングを行う株式会社チームボックスを設立。2018年、コーチの学びの場を創出し促進するための団体、スポーツコーチングJapanを設立、代表理事を務める。主な著書に『ウィニングカルチャー　勝ちぐせのある人と組織のつくり方』（ダイヤモンド社）など。

※本書で使用している「VSS」は登録商標です。

新版
リーダーシップから
フォロワーシップへ
カリスマリーダー不要《ふよう》の組織《そしき》づくりとは

2018年1月30日 初　　版
2022年3月22日 初版第4刷

著　　者 中竹竜二
発 行 者 菅沼博道
発 行 所 株式会社CCCメディアハウス
〒141-8205
東京都品川区上大崎3丁目1番1号
電話 販売 03-5436-5721
編集 03-5436-5735
http://books.cccmh.co.jp

印刷・製本 株式会社新藤慶昌堂

ISBN978-4-484-18203-2
Printed in Japan